中国水利人 7

水利部精神文明建设指导委员会办公室　编

中国水利水电出版社
www.waterpub.com.cn
·北京·

内 容 提 要

本书收集整理了2021年以来全国各地报刊、网络等主流媒体报道的水利人物，表现了水利人立志水利、扎根基层，苦干实干、敬业精业的朴素情怀和对祖国、对人民、对社会、对家人无私奉献的深情。书中呈现的人物，既有全国及省部级劳动模范，更有众多名不见经传的普通人；既有管理人员，也有水利大师，更多的则是基层一线职工。他们分布在水利行业各个领域，具有一定代表性。这些带有体温的记述，留档的不仅有全景，还有近景和特写；不仅丰富了水利文化，还有利于进一步振奋精神，推动新阶段水利高质量发展；不仅鼓舞当下，相信也会感动未来。

图书在版编目（CIP）数据

中国水利人. 7 / 水利部精神文明建设指导委员会办公室编. -- 北京 : 中国水利水电出版社, 2023.6
ISBN 978-7-5226-1551-6

Ⅰ. ①中… Ⅱ. ①水… Ⅲ. ①水利系统一先进工作者一先进事迹一中国一现代 Ⅳ. ①K826.1

中国国家版本馆CIP数据核字(2023)第107846号

书　　名	**中国水利人（7）** ZHONGGUO SHUILIREN (7)
作　　者	水利部精神文明建设指导委员会办公室　编
出版发行	中国水利水电出版社 （北京市海淀区玉渊潭南路1号D座　100038） 网址：www.waterpub.com.cn E-mail：sales@mwr.gov.cn 电话：(010) 68545888（营销中心）
经　　售	北京科水图书销售有限公司 电话：(010) 68545874、63202643 全国各地新华书店和相关出版物销售网点
排　　版	中国水利水电出版社微机排版中心
印　　刷	河北鑫彩博图印刷有限公司
规　　格	170mm×240mm　16开本　15.75印张　274千字
版　　次	2023年6月第1版　2023年6月第1次印刷
印　　数	001—500册
定　　价	**88.00**元

编 委 会

序

水利部文明办编辑了《中国水利人》一书，即将付梓，邀我作序，遂得以先睹文稿。本书中收录了数十位平凡水利工作者的感人事迹，读来令人感动不已。这些故事把个人经历融入到宏大的时代背景中，从中可以看到近年来水利事业波澜壮阔的发展历程，以及闪耀在水利人身上的思想光芒和家国情怀。

水安则邦安，水兴则邦兴。兴水利，除水害，历来是治国安邦的大事。中华人民共和国成立后，党和国家始终把水利建设作为经济社会发展战略的重要组成部分、作为治国理政的一件大事。几十年来，我们党领导人民开展了气壮山河的水利建设，取得了举世瞩目的治水兴水成就。特别是党的十八大以来，习近平总书记就保障国家水安全发表重要论述，明确提出“节水优先、空间均衡、系统治理、两手发力”的治水思路，为我们做好水利工作指明了前进方向、提供了根本遵循。在党中央、国务院周密部署、高位推动下，水利行业紧紧抓住重要战略机遇期，锐意改革，开拓进取，攻坚克难，真抓实干，防汛抗旱减灾取得重大胜利，重大水利工程建设加快推进，农村饮水安全工程建设全面完成，农田水利基础不断夯实，水生态文明建设迈出坚实步伐，水利发展体制机制逐步完善，水利系统党风政风行风呈现崭新气象，“十二五”规划目标任务圆满完成，水安全保障水平明显提高，人民群众得到更多更好的实惠，在我国治水史上写下了浓墨重彩的一笔。

水利事业取得的成就，凝结着水利系统广大干部职工的智慧和汗水。

阅读文稿，谢会贵、崔政权、蒋志刚、曹君、张生贤……一个个平凡的名字、平凡的面容背后，是不平凡的坚持、不平凡的勇毅。他们或献身珠峰脚下农村水电事业，或扎根高原从事黄河水文工作 30 年，或守护荒漠甘泉不言悔，或用生命诠释敬业奉献，或尽心尽职鞠躬尽瘁，或淡泊名利默默耕耘，或助人为乐不遗余力……可以说，《中国水利人》一书，记录的是与水打交道的人，代表的是一个庞大的道德群体，折射出的是崇高的水利行业精神。

毛泽东同志说过："人是要有一点精神的。"人无精神不立，国无精神不强，一个行业没有精神，就失去了动力和支撑。那么，水利精神的内涵是什么？它是如何形成的，又发挥着什么样的作用？我想，这也是《中国水利人》一书想要表达和传递的本意吧。

千百年来，从"俯伏而饮""逐水而存""濒水而居"到大禹治水、都江堰、京杭运河，中华民族一直在与水相伴、相争、相和中生息、繁衍和发展，水渗透到中国文化的每一个层面，流淌在上下五千年的文脉中。于是，"上善若水"的智、"临渊不惧"的勇、"滋养万物"的爱，以及筚路蓝缕、以启山林的开拓精神，艰难困苦、玉汝于成的顽强意志，"载舟""覆舟"、居安思危的忧患意识，革故鼎新、川流不息的执著追求等，共同构成了我们民族精神的主旋律。反过来，浸透着水之哲学的民族精神也启迪着我们的治水实践，书写着中国的治水史绩。

水利行业相比于其他行业又有其独特性。我把它简单归结为：使命光荣、责任重大、技术复杂、条件艰苦。水利是经济社会发展不可替代的基础支撑，功在当代、利在千秋。作为组织和领导各项水利建设、保护着国家和人民生命财产安全的水利人，就必须挺身而出，勇于担当。而水利工程绝大多数分布在乡村僻壤或高山峡谷，许多水利工作者在山川河流间摸爬滚打、风餐露宿、雨淋日晒甚至舍生忘死。同时，水利又是一门实践性很强的科学，无论是兴利还是除害，都必须遵循自然科学规律，都必须坚持严谨严肃态度，孜孜以求、矢志不渝。

磨难思进取，实践出真知，奋斗见精神。中国水利人通过长期的兴水惠民实践和探索，以水为载体，将厚重的中华民族人文精神，融入事关经济安全、生态安全和国家安全的水利行业，最终汇聚成了震撼人心的精神动力，汇聚成了“献身、负责、求实”的水利行业精神。这种精神是整个水利行业的价值取向、思想引领和文化传承，这种精神犹如潺潺的流水，无论社会如何发展、科技如何进步、价值观念如何多元，总是在静悄悄地滋润着我们的心灵，引领我们肩负重任奋勇前行。

党的十八届五中全会把水利作为推进五大发展的重要内容，摆在八大基础设施网络建设的首要位置，纳入九大风险防范的关键领域，对做好新时期水利工作提出明确要求。成就伟大梦想、推进伟大事业，就需要水利系统广大职工更好地弘扬水利精神、彰显水利价值、汇聚水利力量。《中国水利人》的出版恰逢其时，也应发挥应有的作用。要加大宣传力度，注重挖掘培育，传递价值理念，升华精神境界，引领行业风尚，将学习先进转化为推动水利改革发展的具体行动。

愿《中国水利人》能够成为一面旗帜。广大水利干部职工要以榜样为指引，坚定共同理想信念，团结和凝聚在中国特色社会主义旗帜下，深入学习贯彻习近平总书记系列重要讲话精神，按照党中央、国务院决策部署，适应经济发展新常态，坚持创新、协调、绿色、开放、共享发展理念，全面落实“节水优先、空间均衡、系统治理、两手发力”的治水思路，以更加强烈的使命意识、责任意识和担当意识，立足本职岗位，胸怀发展大局，踊跃投身中国特色水利现代化宏伟事业，为奋力开创水利改革发展新局面建功立业、不懈奋斗。

愿《中国水利人》能够成为一个标杆。榜样的力量是无穷的。广大水利干部职工要以榜样为努力方向，认知认同并自觉践行社会主义核心价值观，坚持正确的价值目标、价值取向、价值准则，弘扬“真善美”，贬斥“假恶丑”，大力弘扬水利行业精神，积极构建水利职业道德和行为规范体系，让主流价值成为全体水利人的共同遵循和行为坐标，生成固本培元、凝魂聚力的强大力量。

愿《中国水利人》能够成为一面镜子。古人云：“人不率，则不从；身不先，则不信。”以人为镜可以明得失，查不足。广大水利干部职工要以榜样为借鉴，正视自身思想、工作、生活中存在的差距和不足，见贤思齐，奋发进取，努力实现自我净化、自我完善、自我革新、自我提高，切实提高服务发展、服务民生、服务群众的能力。

愿《中国水利人》能够成为一道洪流。党的十八届五中全会吹响了全面建成小康社会决胜的新号角，开启了实现中华民族伟大复兴中国梦的新征程。广大水利干部职工要以榜样为推动进步的力量，乘风破浪、合力前行，在“十三五”水利改革发展中勇立潮头，在防汛抗旱抢险救灾等急难险重任务中挺身而出，在自身岗位上兢兢业业任劳任怨，以涉险滩渡深水的勇气，以水滴石穿锲而不舍的韧劲，以江河奔流百川归海的决然，锐意进取、主动担当，改革创新、奋发有为，努力谱写中国特色水利现代化事业新篇章。

让榜样光辉照亮水利前行之道路！

让水利精神引领改革发展之潮流！

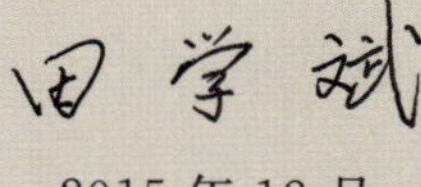

2015年12月

（此序为水利部党组成员、副部长田学斌于2015年12月为《中国水利人（1）》所作序，现以此序为本书代序）

目录

安瑞冬：把科研成果写在绿水青山间

“以海纳百川的精神融汇多学科理论，以实事求是的作风在实践中检验真理，把研究成果应用到保护祖国绿水青山中。”这是四川大学水力学与山区河流开发保护国家重点实验室研究员安瑞冬对习近平总书记期待科研工作者“把论文写在祖国大地上”的所思所悟。

从事科研多年，这份热爱不仅源自在探索中寻求真理的使命感，更来自安瑞冬儿时的梦想。

安瑞冬在雅鲁藏布江沿岸开展工程监测（四川大学供图）

水利薪火代代传

安瑞冬成长在海河流域子牙河畔，受同为水利工作者的父亲影响，他在体会到引滦入津工程带来便利的同时，也为我国南北方水资源时空分布不均和水环境污染的情况所触动，期盼为我国世界级水电工程建设贡献力量。

“报考大学时，我是全班唯一把第一志愿填成水利专业的。水利人常说这是献完终身献子孙，但我认为这是水利之梦代代传承。”安瑞冬自豪地说。

2010 年，安瑞冬博士毕业后进入四川大学工作，主要从事水力学及河流动力学研究并逐渐成长为研究员、博士生导师。长江上游干支流地区是我国水能资源最为富集的区域，是我国乃至世界水电建设的中心，他享受着山水间的野外科研工作并积极投身于山区河流生态环境保护研究。

聚焦“两山”深扎根

西南山区是我国江河之源，全球水电工程最为密集，但脆弱的生态环境让开发与保护相互制约，工程强扰动对河流生态环境的影响与日俱增，并引发各界学者的高度关注。

安瑞冬所在的水力学与山区河流开发保护国家重点实验室，是我国最早的内陆水利水电工程领域国家重点实验室和从事应用基础研究的工程类实验室，高度重视以工程实践检验科学真理。河流生境修复与鱼类保护研究，这在十年前还不是热门领域，山区河流开发引起的河流健康问题涉及多学科领域交叉和多目标协同，解决高坝梯级开发累积影响的难度进一步叠加。

安瑞冬热爱自然，乐于到乡野调查，具备开拓和创新精神由此得到了导师和团队的信任，并作为“80 后”领衔开展了多项重大工程的科研攻关任务，开始了每天工作 10 个小时以上的“加强版 996”生活，多年持续在岷江流域、雅鲁藏布江流域和金沙江流域开展野外监测。

“我是一名从事生态保护研究的科研工作者，习近平总书记提出‘绿水青山就是金山银山’的‘两山’理论，不仅让世界读懂美丽中国，更给我的科研工作指明了方向。”安瑞冬说。

成果转化助国强

水利水电工程的大坝阻隔和径流调节，改变了河流水动力学条件和生物生存环境。在河流开发与保护协调发展中，深化完善生态水力学理论，优化过鱼设施连通鱼类上溯洄游通道，以生态调度的方式维护鱼类自然繁衍节律，是安瑞冬重点关注的科学问题。

他先后主持国家自然科学基金和重点研发计划专题项目 5 项、重大工程委托和涉外装备研发 20 余项，取得一系列成果并被纳入行业规范。作为主要完成人获国家科技进步二等奖 1 项和省部级一等奖 2 项，相关技术稳定应用于金沙江、大渡河、雅鲁藏布江和红水河等流域，以及丰满重建、龙滩、乌东德和白鹤滩等国家重大水利水电工程。

安瑞冬说：“我的论文来自我走过的山川河流，我的代表作是提出的新型仿自然鱼道运行，第一天就成功上溯国家二级保护动物七鳃鳗。”

看到科研成果转化并为工程所用，取得良好的生态效益，助力长江上游地区绿色可持续发展，安瑞冬倍感欣慰。美国同行发表论文评价他“科学揭示了长江上游特有鱼类的生境需求，为大坝设计提供了可靠依据”。因在野外监测领域积累的经验和成绩，国际水利学会还邀请他共同为来自欧盟地区的研究生开设“高级测量与试验技术”课程，并在国际气象组织介绍中国西南山区河流生态环境保护经验。

当安瑞冬的脚步踏遍千山万水，迈出国门走向世界，他更加坚定心中的理想信念，那就是要把科研成果写在绿水青山间。“我认为科研工作者应不忘初心、脚踏实地，将自己的理想和国家的发展需求紧密结合，在绿水青山间践行长江大保护和绿色发展理念。”安瑞冬是这样说的，也是这样做的。

◇ 本文发表于2022年1月13日《中国水利报》

◇ 作者：杨庆

陈德久：黄河人“平凡”的一天

黄河人，一个熟悉又陌生、平凡又伟大的群体。他们是保卫黄河安澜的“特种兵”，是人民生命财产的“守护神”，他们时刻围绕在我们身边，却又好像看不见踪影。有人说，黄河人的青春是日复一日的堤防巡查，是急风暴雨中的根石探摸，也是一次次从来不言退缩的勇往直前。

齐河河务局潘庄管理段的陈德久，是一名参加治黄工作30多年的“老人”，自1991年参加工作至今一直扎根最基层，同事们都亲切地称他为黄河岸边的“老柳树”。让我们跟随他的脚步，看看黄河人“平凡”的一天。

5：30，出发上岗

“叮铃铃……”每天除了按时工作的闹钟之外，还有准点起床的陈德久。当大多数人还在睡梦中的时候，陈德久便已经完成了简单的洗漱准备并出发了。陈德久工作的段所，处在距离县城57千米开外的黄河岸边，因此，他每天都要比绝大多数同事起得更早些。同事有时会问他为什么每天都要出发这么早，陈德久的回答单一却朴实：“每天提前一点到段上可以为一天的工作做好准备，不至于手忙脚乱。”

陈德久观测水位

7：30，观测水位

经过一路的驱车奔波，7点整，陈德久就赶到了段上，匆忙地吃过早餐，7点半时开始准备一天的第一项工作：观测水位。8点整，陈德久已经站在水尺的旁边，准确地记录下读数并上报。这是一个简单而细致的任务，基层的水位观测可以为上级决策提供依据，容不得一丝一毫的偏差，陈德久总要亲自看一遍才能放心。

10：00，巡查堤防

陈德久（右）巡查堤防

陈德久每天上午都会对堤防巡查一遍，无论酷暑寒冬，这项工作从没中断过，用他的话说，“大堤是保证沿黄百姓生命财产安全的最后一道防线，每天都看一遍自己心里才会放心”。潘庄管理段堤防全长 9.529 千米，这条巡查的路，陈德久从调到潘庄管理段工作到现在，已经走了 16 年，走了 11 万多千米，哪里容易出现水毁情况，哪里容易有杂物，陈德久早已了然于心，但他仍然仔细观察着每一处细节，不放过任何隐患。

12：00，答疑解惑

结束了一上午的工作，陈德久的心情也终于放松了下来。段上有一个好习惯，便是利用中午吃完午饭后的时间，同事们都会围绕在一起对工作中的疑惑进行讨论。陈德久作为段上最熟悉业务的职工，无论问题难易，他都会耐心地为大家一一解答，并提供一些自己的经验让大家作为参考，这个好习惯让很多新来的年轻同事都受益匪浅。

陈德久（右三）答疑解惑

14：00，巡查险工

经过短暂的休息，陈德久下午 2 点又投入到忙碌的工作中去。每一处

陈德久巡查险工

险工都是一个管理段的重中之重，对险工的巡查也显得格外重视。潘庄险工长 1545 米，共有 20 个段坝，备防石 6076 立方米，陈德久每天下午的第一项工作就是对险工巡查一遍，根石探摸一遍，看看备防石是否齐全，是否有根石缺失。哪处坝靠水、哪处坝靠主溜、哪处坝靠回溜，陈德久心中都一清二楚，每次有人在办公室询问今天都是哪几个坝头靠水，陈德久总能及时做出回答。

16：00，巡查生产堤及滩区

巡查完险工，陈德久来不及休息，喝了几口水就匆忙赶往滩区，进行生产堤和滩区的巡查。滩区的道路没有硬化，车辆无法通行，16 年来，陈德久靠双脚走遍了滩区每一处角落，哪怕雨后的道路泥泞难行，陈德久也从未松懈。

陈德久巡查生产堤及滩区

19：00，整理资料

吃过晚饭，这天值班的陈德久回到了办公室，开始整理当天巡查工作中发现的问题，以及处理的情况。暂时还没有处理的问题，陈德久还会根据规范，详细写下正确的处理方式，以便以后更好地处理和给新来的几位职工讲解。

22：00，夜间巡查

一道亮光划破夜空，这是陈德久等三人在夜里巡查堤防。近期的大雨预报，陈德久不放心堤防的安全，要再出去巡查一遍险工。两位一起值班的年轻同事说他们出去巡查就可以了，让陈德久在段里休息，可陈德久还是不放心，拿着手电加入了巡查的队伍。

陈德久（右）夜间巡查

24：00，坚守岗位

在大多数人早已进入梦乡的子夜，值班的陈德久仍旧坚守在岗位上。夜里，陈德久喝着茶，虽然人在办公室，但是他仍旧通过监控时刻关注着黄河的动向，不放过一点异常……

一天很短，讲不完黄河人太多的精彩与付出，却也足够长。陈德久每日上报水位、巡堤查险到答疑解惑、整理资料等，已不平凡地走过了10000多天。

谈及为什么选择成为黄河人，工作自身的使命感、护佑安澜的成就感、段所像家一样的幸福感，都是他坚守的原因。这群黄河筑梦人的故事，上演在无数个日日夜夜中。

◇ 本文发表于2021年9月2日黄河网
◇ 作者：王梓铭

陈小娟：当好长江鱼儿“助产士”

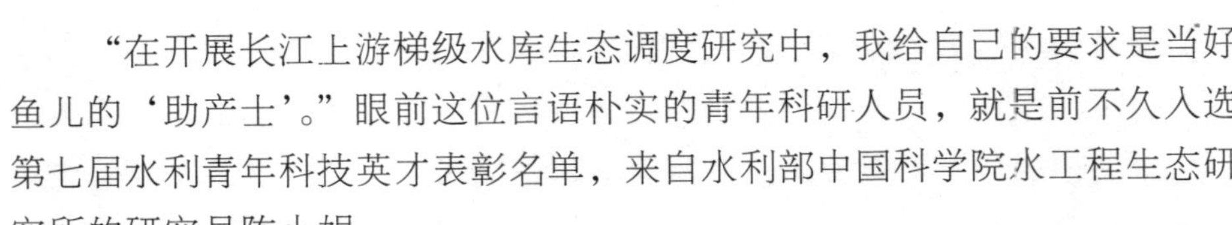

“在开展长江上游梯级水库生态调度研究中，我给自己的要求是当好鱼儿的‘助产士’。”眼前这位言语朴实的青年科研人员，就是前不久入选第七届水利青年科技英才表彰名单，来自水利部中国科学院水工程生态研究所的研究员陈小娟。

围绕长江大保护的国家需求，开展长江上游梯级水库生态调度研究，通过水库调度创造适宜的条件促进重要鱼类自然繁殖，是陈小娟努力探索的方向。然而，长江鱼类种类繁多，不同种类生态习性各异，其产卵期的流量需求也不尽相同，流域面积广、鱼类品种多、环境差异大——这条研究道路注定是曲折的。

越难越向前

陈小娟一直以来勤于钻研，向身边的人学习、向专家请教，她带领团队通过水生态监测、模型模拟、原位试验等，逐渐加深认知，了解鱼类“产房”在哪里，繁殖对于水温、水流等生境条件的“爱好”，逐步弄清鱼类自然繁殖的生态调度需求，然后提出水库生态调度试验方案，并通过生态调度试验效果监测不断优化调度关键参数。

陈小娟接受采访时谈“一带一路”河湖生态保护（汪彤　摄）

2020 年，武汉因新冠肺炎疫情还未解封，为推进实施针对库区产黏沉性卵鱼类的三峡水库生态调度试验，陈小娟和团队成员居家办公，连续多日奋战，分析数据和试验结果，开展线上讨论，最终提出了科学可行的生态调度试验建议方案，为首次实施针对库区产黏沉性卵鱼类的三峡水库生态调度试验提供了重要支撑。

通过多年研究探索，陈小娟带领团队针对产漂流性卵、产黏沉性卵等生态习性鱼类，在生态调度目标对象筛选确定方法、鱼类自然繁殖关键需求、水库生态调度方案等方面取得了一些创新性成果，并应用于金沙江中游梯级、金沙江下游梯级、三峡水库等生态调度实践，取得了显著的社会效益和生态效益。

陈小娟还组织申报了中国科协“一带一路”河湖生态保护技术联合培训中心项目，并成功获批，又在疫情防控的形势下精心组织多次专题培训，将我国河湖生态保护理念、技术与经验等传递到“一带一路”国家，受到沿线国家学员的一致好评。

越苦越担当

不怕吃苦、勇挑重担，是同事们对陈小娟的评价。踏上工作岗位不久，她就参与了三峡后续工作规划编制工作。

在规划编制中，她常常面对堆积如山的资料和纷繁复杂的组织协调工作，熬夜加班是常事。在最为紧张的收官阶段，陈小娟怀孕并出现身体不适，但她仍坚持工作。谈起这些，她说：“能够参与这项工作是我的幸运，这些辛苦不算什么。”

在时间紧、任务重的情况下，她作为水工程生态所三峡后续工作规划编制工作组秘书及主要规划人员，完成了三峡后续工作规划中生态环境保护相关规划编制任务，规划得到了国务院批复实施；在三峡后续工作一期实施规划编制工作中，她再次负责完成了 2 个专题规划编制并得到了原国务院三峡工程建设委员会办公室批复实施。

越融越创新

脚踏实地、融合创新是陈小娟一直以来的坚持。“我们应该在点滴中学习知识，增长才干，练就本领，锤炼品格。”

陈小娟承担了 20 多项国家及省部级项目，获得大禹水利科学技术奖一等奖 1 项、长江委科技进步一等奖 4 项；参编专著 2 部、译著 1 部，获授权专利、软件著作权20余项，发表SCI/EI论文20余篇；被评为长江水利委员会十大杰出青年、长江水利委员会首届青年科技英才、全国水利系统先进工作者、水利青年科技英才等。

作为水工程生态所第四党支部书记，陈小娟坚持党建业务深度融合，支部荣获水利部“水利先锋党支部”和“湖北省先进基层党组织”等荣誉。面对荣誉她常说：“不是荣誉赋予了我们使命感，而是伟大的治江事业与水生态事业给青年科研人员提供了广阔的发展空间和众多的锻炼机会。”

随着我国经济社会的发展，水资源开发利用与水生态保护不平衡问题、河湖生态环境问题日益凸显，成为新阶段水利发展必须直面的严峻挑战。陈小娟深知，面对新时期水生态文明建设和长江大保护等国家需求，要紧紧围绕长江上游梯级开发背景下水生态演变及机理、流域控制性水库群联合生态调度等方向继续探索，踏踏实实做好水生态保护修复相关基础与应用科研，为复苏河湖生态环境贡献自己的力量。

◇ 本文发表于2022年1月20日《中国水利报》

◇ 作者：杨林

陈晓楠：长距离调水的科技“智囊”

42 岁的陈晓楠身形略显清瘦，作为南水北调中线干线工程建设管理局总调度中心负责人，他长期致力于长距离输水调度的研究，切实保障南水北调工程安全、供水安全、水质安全。“这不仅是我的工作，更是我毕生为之奋斗、为之探索的事业。”

理论与实践相结合

南水北调中线工程全长 1432 千米，以明渠为主，自流输水，沿线布设 64 座节制闸、54 座退水闸、97 座分水口，却无调蓄水库，只能通过众多闸门间的高度协调配合实现供水目标。线路长、闸门多，要经历汛期、冰期运行，工况复杂、风险源多，输水调度难度非常大。

陈晓楠深知，理论研究是为了更好地应用在实践中。一提起南水北调中线流量水位耦合控制实用调控技术的研究，陈晓楠眼中满是自信与自豪。这一技术是他带领团队独立研发出的，其中中线水面线分析和糙率计算系统构建起长距离调水工程输水调度标准化管理体系。同时，团队还完成了中线水量调度系统等多项长距离输水调度关键技术攻关和科研项目。

陈晓楠在总调度中心值班（许安强　摄）

“目前，这些研究成果在生产实践中发挥了重要作用。”陈晓楠说，最直观的感受就是中线工程连续 7 年供水量攀升，工程提前达效，取得了巨大的社会效益、经济效益和生态效益，对提升国家水安全保障能力起到了重要支撑作用。

预判与调度相辅助

说起调度工作中最难忘的事情，陈晓楠的记忆被拉回到一个雨夜。

2021 年 7 月 16—21 日，中线工程河南段突降暴雨，郑州等地出现大范围特大暴雨，郑州金水河倒虹吸节制闸的河道水位快速上升。

7 月 21 日 0 时 24 分，南水北调中线工程建设管理局后方防汛指挥部接到电话紧急通知："金水河上游郭家咀水库发生漫坝并随时有溃坝风险，将严重影响中线总干渠安全。"

情况万分紧急！作为总调度中心主任，陈晓楠已经两天两夜没有合眼了。针对郭家咀水库漫坝险情，陈晓楠迅速采取调度措施：立即启动Ⅰ级应急调度响应，将陶岔渠首入总干渠流量分 4 次减至 50 立方米/秒，逐步开启金水河节制闸上游部分退水闸退水，维持金水河节制闸下游穿黄退水闸 110 立方米/秒不变；实施全线联调，大幅度下调金水河上下游节制闸开度，最大程度地保护工程，减少对下游供水的影响；做好人员紧急撤离工作，保持闸门远程调度运用，做好通信中断后现地手动控制准备工作……

7 月 21 日 1 时 30 分，郭家咀水库通过应急通道紧急泄洪。此时，南水北调中线工程总调度中心大厅灯火通明，每一个人都在紧盯监控屏幕上的河道水势。陈晓楠安排人员计算分析上报数据，不时发出调度指令。

经过漫长的一个半小时，洪峰最终安全通过金水河倒虹吸进口节制闸。

创新与开拓相牵引

科学可靠、实用高效的输水调度模型是实现安全平稳供水的保障。

对于攻破多项世界级难题的南水北调中线工程，尚无成熟的长距离调水经验和模式可以借用。为此，陈晓楠探索提出了实用的中线输水调控技术。他综合考虑渠道上下游水情、水位降幅约束、目标水位控制等因素，以水量平衡为基础，建立了结合流量变化、水位变幅的实时调度策略；以输水流量为宏观控制、以运行水位为微观控制，建立流量、水位耦合控制策略；改进了原设计中闸门调整控制策略，形成了用以确定调度时机和联调方式等的参考依据；组织中线水量调度系统、调度预警模型等业务的研发，并在投入试用的过程中不断完善……

“安全供水大于天！为守护沿线人民群众的生命线，我将继续以科学的态度，忠诚保卫中线工程的运行安全，为平稳、高效调度提供源源不断的技术手段。”获评为第七届水利青年科技英才的陈晓楠是这样说的，也是这样做的。

◇ 本文发表于 2022 年 1 月 28 日《中国水利报》

◇ 作者：许安强

陈宇潮：千里淮河守闸人

江都水利枢纽地处江苏省扬州市境内京杭运河、新通扬运河和淮河入江水道交汇处，南濒长江，北连淮河，是国家南水北调东线和江苏江水北调的源头工程。在翻腾的江河之中，入江水道主要控制口门——万福闸仿若一条蛟龙，横卧在白波之上，守护千里淮河由此顺利归江。

每天，都有一位身穿蓝色制服的工作人员穿行在万福闸工作桥上，仔细检查每一孔闸门、每一台设备。他就是千里淮河归江闸守闸人、第三届"最美水利人"陈宇潮。

会当水击三千里

在少年陈宇潮的眼中，父辈们栉风沐雨的背影是最熟悉的水利人形象。1999 年，23 岁的陈宇潮来到江苏省江都水利工程管理处万福闸管理所。20 多年来，他一步步从水利"新兵"成长为高级技师，他说："万福闸保障着淮河下游近三分之二的洪水安全入江，我的工作就是要守卫好淮河下游百姓生命财产安全。"

陈宇潮入职时正值汛期，万福闸全力排泄淮河洪水。在时任万福闸管理所党支部书记张顺民的带领下，陈宇潮投身青年突击队，在倾盆暴雨中往返奔走在万福闸上，汗水雨水模糊了大家的视线，65 孔闸门迅速开启，淮河洪水如同猛兽般咆哮而过，陈宇潮瞬间被这个在风雨中拼搏奋斗的集体所震撼。

陈宇潮（左）排查万福闸启闭设备隐患

经过岗位历练——3个寒暑1000多个日夜的潜心积累，万福、太平、金湾三座大型水闸累计近10万千米的巡查，陈宇潮练就了“眼看、耳听、手摸、鼻闻”的绝活，凭借设备运行时声音的大小、振动的程度、温度的改变、数据的变化，就能迅速准确判断设备故障原因。

“有标杆、有方法、有劲头、有绝招”，这是陈宇潮对自己工作的要求。2002年，陈宇潮首次代表江苏省江都水利工程管理处参加省第二届闸门运行工职业技能竞赛，凭借突出的技艺获得特等奖，一举成为当时全省水利系统最年轻的技师。获得荣誉后，26岁的他主动要求到工地一线，住工棚、窝桥洞，甚至两块木板就能拼凑起一张床，十年辗转大江南北，他在广阔的水利天地找到了诗和远方。

恪尽职守勇担当

2018年，陈宇潮在体检时发现身体状况不容乐观，医生建议必须尽快手术，他却因担心汛期闸上人员紧张，与医生商量能否推迟1个月手术。

汛期24小时三级运行值班，作为班组长的他始终恪尽职守，没有因为病情请过一次假，直到汛后才进行了手术。领导和同事们嘱咐他多休息多疗养，他却在病假结束后立即带领团队投入万福闸加固改造机电安装技术攻关。同为水利人的妻子知道，他只有在闸上守着机器设备、盯着项目进度才心安。最终，万福闸加固改造工程荣获中国水利工程“大禹奖”。

同年，第六届全国水利行业闸门运行工职业技能竞赛启动，通过层层选拔，陈宇潮顺利成为江苏参赛种子选手，然而做过肺部手术的他，身体不堪高强度训练。心之所向必将素履以往，这位43岁的老将怀着不断超越自我的信念走上赛场，笔试、操作、观测、检修，扎实的理论功底、高超的实践技能、稳定的心理素质助他一骑绝尘、荣膺桂冠。

二十年磨砺，从全国水利行业职业技能竞赛冠军到全国技术能手，从高技能人才培养对象到行业首席技师，从全国五一劳动奖章获得者到“最美水利人”，陈宇潮用平凡的工作和质朴的生活，诠释着守闸人的责任和担当。

传道授业引路人

以陈宇潮为骨干的工匠团队积极响应水利现代化建设号召，攻坚克难、勇争前列。他们专注于大中型水闸运行管理，致力于解决技术攻关难题，将精细化管理模式融入基层水闸运行管理实践，探索研发江都水利枢纽万福闸分中心监控运行驾驶舱，切实保障工程安全，大力提升运行效能。整整一柜子的工作资料和笔记，5 项省级创新技改项目、2 项实用新型专利、1 项国家发明专利，都是陈宇潮岗位成才的最好证明。

进入新发展阶段，陈宇潮将技艺传承作为自己的新使命，从技术“大当家”转身传道“引路人”，他毫无保留地传授工作经验和专业技巧，江苏水利岗前培训班、技师升级班、选手集训班、高级研修班，到处都有他登台授课的身影。第六届江苏省闸门运行工职业技能竞赛中的前三名，两人为陈宇潮的爱徒。

“师带徒”不仅传艺，更要育“德”。陈宇潮以自我探索的成功经验，为青年技术工人锚定成长目标，描绘人生的星辰大海，以典型示范力量帮助他们成长成才。薪火相传中，陈宇潮用独蕴的匠心守卫着心爱的事业，护航一茬茬新时代“大禹”扬帆启程。

◇ 本文发表于 2022 年 4 月 28 日《中国水利报》

◇ 作者：颜蔚、商梦月、周洁

程磊：生态水文路上的执著前行者

自从 2002 年考入武汉大学水利水电学院水文水资源专业后，程磊的人生便与水利结下了不解之缘。

经过长时间扎实丰富的知识储备，程磊更加深刻地意识到，水文水资源学科绝不限于水库调度、水资源配置等传统方向，生态水文的建设与发展应为生态文明建设提供更有力的支撑。

“生态水文学科是生态学与水文学的交叉，这对我的专业素质和知识面拓展都是一个很大的挑战。”程磊说。

异乡求学为报国

“林子里有两条路，我选择了行人稀少的那一条。”程磊笑着说。

在当时国内水文研究多集中于工程水文的状况下，程磊义无反顾地选择了“生态水文”这一研究方向，潜心治学生态学与水文学的交叉方向，研究水和生态系统的相互作用关系，解决水资源管理中的生态环境问题，减缓水利工程对生态系统的影响。也是这样的毅力与决心，让他在博士毕业后又远赴澳大利亚研究大气中二氧化碳浓度升高的生态水文效应。

程磊（左二）在南水北调中线水源地调研（武汉大学水利水电学院供图）

在澳大利亚联邦科学与工业研究组织水土资源所工作期间，程磊积极与国际上从事相关研究的专家学者进行深入交流，接触到很多国际上生态水文相关的前沿知识与先进技术，在模拟气候变化条件下植被生态系统耗水的变化、二氧化碳升高的条件下区域水文循环模拟及识别、区域水循环对气候变化响应等研究方向取得了一系列创新成果。

理论实践相结合

远赴他乡是为了更好地回归。2016 年，程磊入选国家海外高层次人才计划并被聘为武汉大学水利水电学院教授、博士生导师。

走在科研一线、推动我国生态文明建设是程磊心中不变的信念。于是，他主动承担武汉大学教育教学改革建设引导专项，编写了《生态水文学》和《水生态学》教材并开设同名课程，旨在引导学生拓宽视野、关注水生态文明科学前沿。

程磊的训练场并不仅仅是理论阵地，将理论应用于实践才是要义。他研究国内流域特点的同时参考国外经验，在南水北调中线水源地建立了武汉大学第一个流域生态水文观测实验站。

建站的过程复杂且艰辛。在建设遇到困难的时候，程磊变身塔工，进行设备安装及调试。功夫不负有心人，如今实验站已初具规模，水文站稳定运行的同时，未来将为我国流域生态水文学研究及南水北调中线工程效益发挥提供翔实可靠的数据和科学支撑。

开拓进取聚星火

“科研这条路如同过独木桥，另辟蹊径需要付出更多的努力与艰辛，而研究生态水文就像是拿着一盏微弱的灯过河，路途中的绊脚石、暗礁都终将在不懈地前进的过程中化身为科研中一个个攻坚成果。”程磊常常这样教育学生。

一分耕耘，一分收获。程磊先后主持和承担了 4 项自然科学基金项目和 2 项国家重点研发计划课题和专题，还主持了多项横向生产应用项目和武汉大学自主科研项目；在国内外顶尖期刊上发表论文 100 余篇，获得湖北省科技进步奖一等奖、澳大利亚和新西兰模拟与仿真协会青年科学家奖等 6 项科研成果奖励。

青年一代有理想有担当，国家就有前途，民族就有希望。作为水利青年学者，程磊将满腔的热血与热爱付诸行动，在国家高度重视生态文明建设的今天，生态水文的研究平台越来越广阔。如今，程磊正在带领团队对水与生态系统相互作用背后的机理进行研究，对于生态水文研究横向纵向的拓宽与深入，程磊一直在路上。

◇ 本文发表于 2022 年 2 月 10 日《中国水利报》

◇ 作者：李诗琼、张栋梁

崔小军：22 年坚守一线，遏制涉水违法行为

2021 年，崔小军带领水上分队打击涉水违法行为，共立案 123 起，有效遏制了涉水违法行为，切实保障了密云水库水源安全。

崔小军带领队员在库区开展执法巡查（崔小军供图）

密云水库是北京重要地表饮用水源地、水资源战略储备基地，是北京的无价之宝。为了守好京城这“盆”水，密云水库综合执法大队水上执法分队队长崔小军每天坚守在库区一线，没有过周末、没休过假期，一心当好密云水库“保水人”。2022 年 8 月 30 日上午，全国“人民满意的公务员”和“人民满意的公务员集体”表彰大会在京举行，崔小军被授予全国“人民满意的公务员”荣誉称号。

蹲守 10 小时查获电鱼团伙案

长期守护着密云水库，崔小军练就了敏锐的观察和判断力。2021 年 5 月，天下着蒙蒙细雨，崔小军和队员们在密云区不老屯镇董各庄村南近水地带的杂草丛中发现了疑似电鱼用的工具，崔小军说：“当时发现有七八个电瓶和一个皮筏子。根据多年的执法经验，我们判断出附近肯定有人从事非法电鱼活动，便当即决定和队员们就地蹲守。”

雨越下越大，崔小军和队员们的脸上流淌着雨水，衬衫被雨水和汗水浸透，紧紧黏在身上。他们丝毫没有动摇，硬是从下午 2 点蹲守到夜里 12 点，最终将犯罪嫌疑人成功抓获。崔小军立即报请大队启动行刑衔接

程序，涉案 5 人全部被判处刑罚。

这是密云水库综合执法大队成立以来查获的首个违法电鱼团伙案，不仅给大队执法办案提供了可借鉴的成功经验，而且对违法分子形成了极大的震慑。

崔小军和队友们开着执法船在水库进行例行巡查（崔小军供图）

2021 年 10 月底是密云水库高水位运行以来的第一个捕鱼期，为了保证渔业生产安全，崔小军加班加点，血压直往上升。医生提醒崔小军，再这么干下去，他随时都会有脑血管破裂的危险，因此医生强烈建议崔小军住院治疗。但考虑到 188 平方千米水域的生产秩序安全和渔民生命，“不听话”的崔小军还是没有听从医生的建议。他坚持在水库一线继续巡查执法，直到血压实在无法控制，才被家人和同事、朋友劝进医院。待身体情况刚有好转，不放心水库安全的崔小军又第一时间回到了工作岗位上。

两天两夜不眠不休守护国家财产

2021 年夏季，北京地区降雨不断，密云水库水位持续突破新高，面对水上分队办公场所随时可能被淹的严峻形势，崔小军第一时间上报大队，提请搬离。在接到区委区政府的搬迁指示后，他一刻都不敢停留，迅速组织队员开始搬迁。为了节省时间，崔小军安排两个分队轮流交替，自己却连续奋战，两天两夜没有合眼。崔小军说，这里的一桌一椅都是国家财产，保护国家财产安全是每个公民的义务，更是公职人员的天职。

搬离工作刚结束，崔小军又迅速投入到新办公用房的装修中。他白天协调修缮水上分队新址、建设新码头，晚上则带领队员巡查执法，保障了库区环境秩序安全。40 天的连续奋战，水上执法分队搬进了新家，队员们终于有了一个安全、整洁的办公室。崔小军说：“连续奋战确实非常累，但是这些付出都值得。”

2021 年涉水违法行为立案 123 起

20 余年兢兢业业，密云水库“保水人”崔小军始终坚守着工作岗位。春天和违法分子斗智斗勇，一守就到三更半夜；夏天顶着烈日挥汗如雨，一晒就是一整天；秋天开库捕捞期开展执法检查，一查就昼夜不息；冬天迎着凛冽寒风在冰上巡检，一走就是三五千米。

2021 年，崔小军带领水上分队打击涉水违法行为，共立案 123 起，其中违法垂钓案 108 起、违法捕捞案 10 起、电鱼案 5 起；没收钓竿 157 把、相关渔具 600 多个、不合格网具 130 余片，罚款 22.5 万元，有效遏制了非法电鱼、非法垂钓、不合格网具捕捞等涉水违法行为，切实保障了密云水库水源安全。2021 年，水上执法分队荣获“中国渔政亮剑 2021 系列专项执法行动成绩突出集体”称号，崔小军说，这是大队的荣誉，更是他肩上沉甸甸的责任。

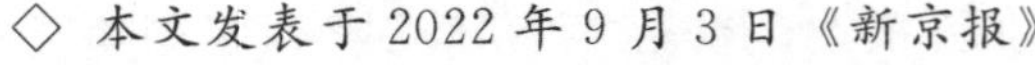

◇ 本文发表于 2022 年 9 月 3 日《新京报》

◇ 作者：吴婷婷

戴明龙：让水文发展与时代需求同频共振

从水利新兵成长为解决“疑难杂症”的专家和发扬“传帮带”精神的引路人，长江水利委员会水文局长江水文水资源分析研究中心总工程师戴明龙从踏上科研之路的那天起，就坚定了为水文事业奉献始终的决心。

2004 年，戴明龙进入长江水利委员会水文局从事工程水文设计，这是水利规划和工程设计的重要基础工作。然而，对于研究生期间主攻水库预报调度的戴明龙来说，水文分析计算是个新的挑战。

深研分析计算

“云南尼汝河梯级电站的径流分析工作是我承担的第一个项目，到现在记忆犹新。”戴明龙说。当时，工程河段仅有 21 个月的实测流量资料，戴明龙必须推求出满足水能计算的长系列径流。

面对资料不足，在领导的指导和同事们的帮助下，戴明龙经过大量分析，选用邻近水文条件相似、实测资料系列较长的水文站与本站分汛期、枯期建立相关，最终顺利完成任务。“通过这个项目，我真正理解了前辈们常说的‘水文分析计算的重点不在计算，而在分析’。”戴明龙说。

戴明龙在尼泊尔上阿润水电站查勘
（徐利永　摄）

此后，戴明龙为了弄通小流域设计洪水相关的技术细节，他认真研读各个省份的水文手册，不断进行例题复演，直到得到正确的结果后再进行项目设计；为了锻炼报告写作能力，他仔细钻研各类工程报告说明，编写的每一份报告都要反复校对才会提交；为了得到合理可靠的水文设计成果，他往往花费大量时间和功夫“磨”数据……点滴的积累最终汇成了水文知识的海洋。

深信勤能补拙

获评第七届水利青年科技英才后，戴明龙表示将继续在科研理论与实践应用的转化中奋力追逐，他说：“在水文科研与水文一线间的奔赴，我始终深信勤能补拙。”

多年来，办公室已成为戴明龙的第二个“家”，无论是工作日还是周末，他利用一切可利用的时间努力提升业务水平。这让他迅速成长为一名技术骨干，并先后承担《长江流域综合规划（2012—2030 年）》《澜沧江综合规划》等十余项重要流域规划，以及滇中引水、金沙江旭龙水电站、缅甸伊洛瓦底江上游水电项目等数十项水利水电工程的水文勘测设计工作。

不仅如此，戴明龙还多次远赴南美、非洲、南亚等地的多个国家，服务于“一带一路”建设等国外项目。他与团队共同完成的水文泥沙分析成果被三峡工程多个蓄水阶段的安全鉴定、工程竣工验收、第三方评估等采用，成为重要的技术支撑；他参与修编了三峡工程历次调度规程，充分发挥了工程的综合利用效益；他所在团队提出了长江流域水库群调度影响下的多变量边际分析方法，解决了水库群调蓄对下游河湖水文情势影响定量评估的难题。

深植科研初心

在做好本职工作的同时，戴明龙还运用自己过硬的技术回馈社会。

作为长江水利委员会水旱灾害防御工作的专家库成员，他积极为长江防汛贡献自己的智慧和力量。甘肃舟曲特大泥石流、云南鲁甸红石岩堰塞湖等抢险期间，他承担后方技术支持，成为抢险工作的“幕后英雄”。

如今，戴明龙成为处理水文“疑难杂症”的专家，他所在的团队取得了一系列具有重大科学和实际应用价值的成果，获得了专业领域的高度认可：作为主要参与人完成的《长江水库群防洪兴利综合调度关键技术研究及应用》，在2017年获湖北省科技进步特等奖；其他成果陆续获湖北省科技进步奖一等奖、教育部科学技术进步奖一等奖、中国大坝工程学会科技进步奖特等奖、水力发电科学技术一等奖等。

“随着水旱灾害防御情况的不断变化，我们对水文分析计算的研究也应与时俱进、同频共振。”正是秉持着这样的科研信念，戴明龙还将继续引领青年队伍在科研道路上不断前行、再攀高峰。

◇ 本文发表于2022年2月17日《中国水利报》

◇ 作者：熊莹

郭建祥：从钻探工地走出的大国工匠

在工程建设中，传统钻探是一项需要与泥浆打交道的艰苦工作。为了改变工人劳动强度大、工效低的状况，同时提高工程质量，郭建祥带领工友们积极引进新技术、新工艺，在施工中创新，在学习中开拓，解决了许多钻探施工难题，实现了钻探灌浆向半自动化操作的迭代升级。

郭建祥在滹沱河生态修复三期工程中操作钻机

带着这股肯钻研的韧劲，从一名普通工人到高级工程师，31 年扎根钻探灌浆施工一线的工作经历，描摹着郭建祥的成长历程。如今，他已成为河北省水利水电勘测设计研究院集团有限公司天津市冀水岩土工程公司勘察施工队队长，主导完成了南水北调京石段大中型建筑物及渠线、雄安新区南拒马河防洪治理工程、石家庄滹沱河生态修复三期工程等工程勘察工作，以及河北省桃林口水库、四川金银台水电站等工程的灌浆施工，累计参与了百余个大中型水利工程项目。

勤思考研工艺

20 世纪 90 年代初，河北省水利设计院引进了高压喷射灌浆工艺，并在黄壁庄水库除险加固工程中应用。但高喷工艺在使用过程中经常遇到一个问题，就是造孔、护壁、灌浆、封孔的施工流程相互分离，钻探平台在砂砾石地层中撤出进行下一环节操作时，造孔容易塌孔。为了解决技术难题，郭建祥与技术人员反复研究、多次试验，终于成功改造出“高喷-钻孔一体钻喷平台”。2014 年，这项工艺在南水北调中线总干渠河北省高填方渠段加强安全措施工程中得以成功应用，为国家节约投资约 400 万元。

1996 年，郭建祥引进双管单动钻具、植物胶钻进工艺，并应用到南水北调中线大、中型建筑物及渠线勘察等多项工程中。工艺克服了以往深厚砂、砂卵石地层不能采取天然级配试样的缺点，不但可以节省护壁套管，减少物资消耗，而且采取的样品可以在现场进行地质筛分和定名，弥补了过去砂卵石地层只能取得数块卵石且粒径严重失真的不足，大大提高了第一手资料的真实性和准确性。

在河北省南水北调中线工程 3 万多米进尺钻探中，这一工艺创造了年进尺最高、质量最好的纪录，使得岩样的采取率达到 98%以上，成本大幅度降低，经济效益显著提高。

传帮带育新人

2014 年 11 月，郭建祥参加水利部举办的水利行业首席技师培训，经水利部考察测评后，于 2016 年 8 月建立全国水利行业首席技师工作室，担任首席技师，2021 年 2 月又成功通过了水利部第三批首席技师的选拔工作。

随着首席技师工作室逐步建立健全规章制度，郭建祥还开展了职工技术培训、技能比赛以及技术交流会等一系列活动。他坚持以技术攻关为手段，引导业务骨干在创新性解决问题的过程中实现自我突破，以首席技师工作室为平台，强化经验交流。郭建祥不仅向每一位同事学习，还毫无保留地把技术和经验传授给其他职工，积极创新、共同进步的学风激励着每一位干事创业的技能人才。

“首席技师工作室是技艺传授、人才培养、技术攻关和课题研究的智库，是发挥高技能人才传帮带作用的有效平台。”获得第三届“最美水利人”提名奖的郭建祥对未来的工作方向更加明确，对技能人才的培养充满信心。

◇ 本文发表于 2022 年 5 月 7 日《中国水利报》

◇ 作者：陈思杰、魏晓雯

郭亚丽：勇当长江大保护的科技先锋

“探索以城市污水治理为核心的城市水环境治理新模式、新机制、新技术、新标准，破解长江大保护的治理难题。”这是上海勘测设计研究院有限公司副总工程师、长江生态环境工程研究中心（上海）主任郭亚丽对长江大保护使命任务的思考。

作为生态环保技术带头人，郭亚丽先后承担了百余项环境保护的咨询、规划、设计、科研攻关任务，不断取得新业绩、新突破的同时，更为守护祖国绿水青山贡献了自己的力量。

从太湖流域治理到海绵城市创新

2007 年起，郭亚丽牵头承担了《太湖流域水环境综合治理总体方案》中的走马塘、新沟河、新孟河、望虞河西岸控制 4 项长江-太湖引排工程环境影响评价工作，项目总投资约为 200 亿元。

郭亚丽考察淀山湖综合治理情况
（郭亚丽供图）

从无到有，郭亚丽团队建立了长江、太湖及流域河网大尺度水环境评价方法体系，科学回答了加强长江太湖连通后对太湖、长江及流域河网水环境影响的敏感问题，4 项环境影响评价报告均获上海市优秀咨询成果一等奖。

2011 年起，面对日益严重的城市水污染问题，郭亚丽在多年治水实践基础上深入思考，牵头攻关流域水环境综合治理规划设计技术。郭亚丽先后推进并领衔了福建省厦门市、安徽省淮北市、浙江省温岭市等流

（区）域水生态环境综合治理规划设计工作。

正是有了丰富的经验积累，2014 年，郭亚丽领衔上海临港地区海绵城市建设研究；2016 年，牵头编制实施方案，并成功申报国家海绵城市试点区。在此期间，她带领团队承担试点区建设技术支撑工作，构建了填补国内空白的海绵城市河湖水系建设技术体系，主持编制了《临港地区海绵城市建设技术导则》，承担了《上海市海绵城市建设技术导则》《技术标准图集》河湖水系部分的编制工作，为上海市海绵城市建设作出了突出贡献。

作为行业杰出的女性代表，郭亚丽被选聘为上海市海绵城市建设专家委员会委员，她所带领的团队获“上海市巾帼文明岗”“上海市三八红旗手”、三峡集团“红旗班组”等荣誉

美丽长江守护者绘制大保护蓝图

上海勘测设计研究院作为长江三峡集团公司控股的唯一研究院，在长江大保护中发挥了重要的智库作用。郭亚丽担任三峡集团长江大保护先行先试工作的技术总负责人，全面调查研究长江上、中、下游典型城市污染状况和成因，摸排核心问题。

郭亚丽团队以顶层规划为龙头，为长江大保护城市水污染治理建立了以水污染防治、区域污水系统全面提质增效为核心，同步开展优化河湖水系、修复构建水生态系统、优化水资源调度、适度打造水景观水经济、统筹水系统综合管理等的“1＋N”系统治理体系；牵头编制《长江大保护城市水环境综合治理规划编制导则》，为长江大保护项目建立了系统治水的技术体系和方法，为全面推动一张蓝图干到底提供了良好的技术支撑。

“在项目实施中，我们从源头摸清污染源，科学设计治理体系，特别是在‘厂网河湖岸’一体化治理，探索创新‘建设、管理、运维’全生命周期智慧化管控方面做了大量探索攻关，有序推进长江大保护。”郭亚丽说。

郭亚丽协助推进了长江流域 4 座先行先试城市治理模式探索，牵头开展了 10 余项科研攻关任务，带领团队开发了第一个城市级智慧水务管控示范平台、长江流域级水环境综合评估平台等。目前，她和团队的系列攻关已孵化出一家年营收超亿元的智慧水务高科技公司，智慧水务、污泥、农污、河湖等治理技术已推广应用至长江沿线近百座城市。

在郭亚丽看来，保护环境是造福子孙后代的事业，做好水生态环境保护工作，是她永恒的追求。“我热爱这个事业，只要水环境好了，国家就好了，这就是最幸福的事情。”

◇ 本文发表于2022年3月10日《中国水利报》

◇ 作者：李晓雨

何继业：挑最重担子　啃最硬骨头

黝黑的皮肤、淳朴的笑脸、真诚的言谈，这是“80 后”何继业给人的第一印象。连续 10 余年奋战在水利工程建设最前线，坚持挑最重担子、啃最硬骨头的何继业，如今已是江苏省水利工程建设局工务（安全监督）处一级主任科员。

“从第一天参加工作到现在，我始终要求自己无愧于党、无愧于人民，水利建设一线是我奋斗终生的战场。”江苏省“防汛抗洪工作先进个人”、江苏援疆“优秀共产党员”，一个个荣誉称号诉说着这位业务骨干的成长经历。2022 年 8 月，何继业获全国“人民满意的公务员”称号，这不仅是对他工作的肯定，也吹响了他为党和人民接续奋斗的号角。

何继业推进淮河入海水道二期工程先导段开工建设（缪宜江　摄）

做水利建设“急先锋”

何继业先后参加了南水北调东线一期工程、世界银行贷款泰东河工程等多个国家和省重点水利工程建设，始终当好质量安全“守护人”。

2012 年 7 月，南水北调东线一期工程高水河整治工程遇到连续降雨，工程防汛形势非常严峻。他第一时间向领导汇报，在穿堤涵闸施工现场指挥加固围堰、封堵漏洞，连续三天三夜没有合眼，工程终于安全度汛，化险为夷；2016 年，淮河流域发生特大洪水，危急时刻，何继业义无反顾坚守泰东河工程一线，整整一个月吃住在工地；2020 年汛期，何继业又连续两个多月驻扎在基层一线，全面排查长江流域重点工程防汛情况。

既当指挥员，又当战斗员，每一次关键时刻，何继业都冲在最前面，哪怕水淹没了膝盖，身上沾满了污泥。“确保工程安全度汛，必须提前预判险情，做好指挥协调。”何继业是这样说的，也是这样做的。

2020 年年初，新冠肺炎疫情暴发，何继业主动申请到重点工程施工现场，驻点指导防疫和开工复工近一个月。南京市溧水区三丫圩排涝站工程受疫情影响，部分外省工人以及施工机械难以进场，项目经理焦急万分。何继业主动联系当地其他项目待工人员进场施工，保障了汛前节点目标的顺利完成。

当支援新疆“搭桥者”

2019 年 3 月，何继业赴新疆克孜勒苏柯尔克孜自治州参加技术援疆工作，以江苏干部的实干担当扛起水利支援新疆的艰巨使命。

克孜勒苏柯尔克孜自治州健康扶贫养老中心是江苏援助克孜勒苏柯尔克孜自治州的一项重大民生工程，也是他技术援疆的一项重要任务。为了抢工期，他废寝忘食，连续一个月每天工作到凌晨两点。“虽然地下水位高、桩体检测强度不达标等问题给工程推进带来不小挑战，但他业务精湛又能吃苦，总能帮我们及时解决问题。”项目负责人李勇强说。如今的养老中心已成为当地的“明星”机构，每年有近 200 位老人在此安享晚年，小小的养老院搭建起了江苏和克孜勒苏柯尔克孜自治州的“连心桥”。

在上阿图什镇、阿扎克镇等脱贫攻坚重点乡镇，何继业解决了自来水入户“最后一百米”问题。“现在生活方便多了，我们再也不用大冷天跑到外面打水了。”喝上放心水的阿图什市乔克其村维吾尔族大叔依达笑开了花。每到开斋节、忠孝节等当地重要节日，何继业总是自掏腰包，购买羊肉、蔬菜、水果到少数民族同胞家里嘘寒问暖，在给他们送去节日问候的同时，还不忘调研脱贫攻坚重点项目农村饮水安全工程情况。援疆期间，他跑遍了克孜勒苏柯尔克孜自治州上百个中小型水库除险加固、农村饮水安全工程建设现场。

何继业始终认为，提升新疆水利干部的“造血”能力是支援的关键。于是，他自编讲义，系统整理水利业务标准规范制度，结合工作实际培养了一大批业务干部。“特别感谢他能把江苏先进的水利建设理念传播到我们克孜勒苏柯尔克孜自治州来，还帮助我们集中培养了一批专业技术骨干。”提起何继业，克孜勒苏柯尔克孜自治州水利人纷纷竖起大拇指。

万里扶摇酬壮志，一片碧水映丹心。作为一名平凡岗位上的青年水利干部，何继业以舍我其谁的责任担当、奋勇争先的奋斗精神、创新求变的胆识勇气，书写了水利人的“大我”，在护佑江河安澜的道路上，用行动践行着一心为民的铿锵誓言。

◇ 本文发表于2022年9月9日《中国水利报》

◇ 作者：倪瑾

侯松岩：毫厘之间抢先机

翻开 2021 年黑龙江水旱灾害防御记录，一幕幕值得被记入史册的瞬间再次浮现在眼前。

2021 年，黑龙江共有 21 条河流发生超警戒水位洪水，13 条河流发生超保证水位洪水。从黑龙江上游江段 5 月 7 日发生超警洪水，到 9 月 13 日抚远站洪水退至警戒水位以下，黑龙江省水旱灾害防御保障中心副主任侯松岩和同事们鏖战了整整 130 个日夜，向龙江人民交上了一份合格的防汛答卷。

这份答卷的出题人是一轮又一轮汛情的严峻考验，而答题人则是一个个以侯松岩为代表的、鲜活生动的防汛身影。

统筹协调，重在保障

“黑龙江上游发生超 50 年一遇特大洪水，下游发生 35 年一遇大洪水，额木尔河等多条中小河流发生历史第一位洪水。黑龙江境内超警河流之多、洪水量级之大、影响范围之广、持续时间之长、受灾损失之重，历史罕见。”说起 2021 年防汛情况，侯松岩感慨万千。

侯松岩在防汛关键期时刻紧盯黑龙江干流汛情（韩志强　摄）

“今年的专家组与往年不同，副厅级干部坐镇地级市指挥，处级干部驻县协调，堤防设计者和建设者按堤段驻防指导。”侯松岩说，他对这种三层架构的抢险技术支撑体系思考了很长时间。

在前方，专家组根据现场各类突发险情，及时提供抢险技术方案；根据水情发展趋势及工情险情，每日向当地防指提出重点防守部位和措施，同时制作《堤防常见险情处置指导》视频，为一线人员普及抢险知识。在后方，保障中心的工作人员积极组织省水利设计院、省江河流域保障中心梳理堤防达标治理情况及薄弱环节，制作 68 套《工情水情发展态势图》提交给前线各级指挥部。

统筹协调到位，防汛层层夯实。在各级领导和以侯松岩为代表的水利人的不懈努力下，强大合力为战胜罕见大洪水提供了强劲的组织保障和技术支撑。

超前防控，抢得先机

“灾害防御，立足于防，必须超前谋划，慎之又慎。”侯松岩说。

2021 年 7 月 18 日，内蒙古诺敏河支流上的两座水库发生险情，诺敏河下游甘南县群众可能面临危险，一个强烈的信号传达给了侯松岩。

在接下来的 2 个小时内，侯松岩马上了解受威胁区域内乡镇村屯分布、人口数量和堤防防洪标准，提出甘南县防御安排，组织有关专家进行洪水量级测算和评估，实时监测，及时预报。侯松岩第一时间协调松辽水利委员会调度尼尔基水库，实现 27 个小时零流量下泄，为拦洪错峰争取了主动……

正是这套间不容发的“组合拳”，为转移群众赢得了时间，确保无一伤亡。

多措并举，赢得主动

2021 年 5 月 7 日，黑龙江上游江段发生超警洪水，未至汛期先闻汛声。针对黑龙江干流水情监测站点少、距离远的实际情况，侯松岩建议增设临时水文站点，加密观测频次。6 月 22 日，黑龙江三道卡段堤防面临漫顶危险，是弃还是守？关键时刻，水情预报给出明确判断：水位最多再上涨 20 厘米，现在必须立即抢险加固。

35 年一遇的大洪水，这是 1984 年以来黑龙江下游从未遇到的汛情。为缓解地方防汛压力，侯松岩提出让专业部门上堤防汛。6 月 24 日、8 月

9 日，他两次协调省建投集团、省交投集团，调遣所属施工单位 1751 人、628 台套大型抢险设备投入抗洪抢险。在黑龙江中下游整体高水位运行超 1 个月的情况下，安全度汛。

在侯松岩的带领下，团队提前 6 天发布黑龙江上游将发生超 50 年一遇特大洪水、提前 9 天发布黑龙江下游将发生超 30 年一遇大洪水、提前 10 天发布松花江将发生超警洪水的预报，创造了哈尔滨等水文站洪峰预报零误差的纪录。

系统防御，科学防御。如今，侯松岩把目光聚焦到提升预报、预警、预演、预案“四预”措施上，加强水库调度、信息化管理等能力建设。“只有全面提升现代化的防御手段，才能切实肩负起保障龙江安澜的重任。”侯松岩坚定地说。

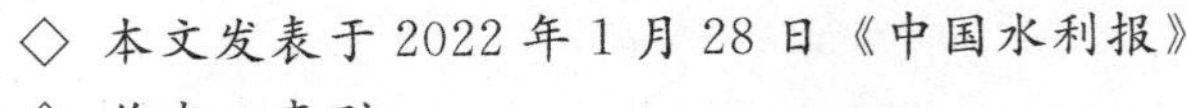
◇ 本文发表于 2022 年 1 月 28 日《中国水利报》

◇ 作者：李刚

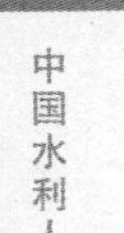

黄仕文：12 年巡库守库　保障上百名群众生命安全

59 岁的黄仕文是个对雨水声尤为敏感的人，对他来说，雨声如“警铃”，不能有一点马虎。

2020 年 10 月 28 日清晨 5 点，重庆市武隆区后坪乡下起了细雨，屋檐上的水滴落在石阶上，“警铃”声由小变大。黄仕文突然从睡梦中惊醒，立马起身穿上衣服，拿着手电筒，骑着摩托车便匆匆出门了。

他要去哪儿？他要去后坪乡红山二级水库巡查。在这里工作 12 年来，诸如此类的情形已是他的常态。

时间回到 2020 年 7 月，那场险情，让他至今难以忘怀。正因为他的一丝不苟和高度的工作责任感，保障了红山一级水库安全和上百名群众生命财产安全。

不让最坏的情形发生

2020 年 7 月 15 日，气象部门发布暴雨橙色预警。当晚 9 点，武隆区东北部普降大暴雨。其中，后坪乡过程降水量为 140.3 毫米，降水量为大暴雨级别。

也就是说，这个夜晚，倾泻的暴雨如瓢泼一般，将打在红山水库大坝上。

“这么大的雨，水库可不要出事才好。”已经巡查完两轮水库的黄仕文回到家，坐在堂屋里越想越不放心，坐立不安的他，又立即穿上雨衣，骑着摩托车往水库去了。而此时，瓢泼大雨遮挡住了黄仕文的视线，摩托车已无法正常行驶，无奈之下黄仕文只好步行前往。

站在水库边，雨量丝毫没有减小，雨衣也丝毫不起作用了。直至 16 日零点，距离漫顶还有 1.5～1.6 米。

“这样下去，极易导致山洪暴发，甚至出现地质灾害，绝不能让最坏的情形发生！”凌晨2点，黄仕文再次返回家中，坐立难安。以他的经验，红山二级水库的水位又涨了70～80厘米。

全身湿透的黄仕文在家里走来走去，换了身衣服。看着全身湿透的丈夫，妻子李万书心里很是心疼。

“休息一会儿吧，等雨小点再出去？”

妻子话还没说完，他换完衣服就转身出去了。

崩坝前，挨家挨户敲门

平时从家步行到水库只需10分钟，这一次黄仕文只用了6分钟。

跑到水库边时，黄仕文急坏了，他发现水库溢洪道已经被洪水灌满，水库的水位已经涨到入库步道的位置。

水位升高太快，黄仕文绷紧了神经，赶忙打着手电筒沿着坝坡往下看。

“不好！有坝坡在慢慢垮塌！”黄仕文看了看手机上的时间，此时刚好是凌晨4点。心急如焚的黄仕文，可以说在争分夺秒，继续顺着水库往上游走去。

黄仕文回顾涨水全过程

（冉长军　摄）

接下来眼前的一切，让他瞪大眼睛：水库上游的河道因山体垮塌被堵塞，河水无法通过河道下泄，全部流进了水库的借水隧洞，导致水库水位急剧上涨，一级水库水位也在渐渐上涨，并逐渐漫延到房屋周边……

“如果再不采取措施就要崩坝，后果不堪设想！”黄仕文来不及多想，立即给乡政府和武隆区水利局打电话报告。

他一边给乡政府电话保持联系，一边在雨中奔波，挨家挨户敲门，大声呼喊周边的村民快从睡梦中醒来。

黄仕文有着12年的工作经验，但也是第一次见到水库涨水如此之快。“这个时候不能慌，越是慌乱越怕出问题，先汇报情况，再大声喊。”黄仕文说。

在水库周围和河道下游，除了居住有 16 户 42 名村民，还有公路施工队和风力发电站的工作人员共 65 人，乡政府立刻对他们进行了紧急转移。

“快点起床哟，水库的水涨起来了！”黄仕文最担心的，还是住在红山一级、二级水库附近的 5 户人家，以及住在附近的 90 名施工队人员。

“没得这么严重哟?”多户人家抱着侥幸心理。

“相信我，赶快撤离。”黄仕文焦急地说。

为了动员大家，黄仕文做了大量劝说工作，直至水淹没到房屋内后，所有人员才真正感觉到危险。

“等所有人转移到安全地带的时候，水已经漫延到马路上，一辆油管车被淹，施工队工人宿舍里面的水已有 10 厘米深了。”好在，大家安全转移，黄仕文这才歇口气。

连续排险 23 个小时，他都在

后坪乡人民政府接到黄仕文的险情报告后，第一时间启动应急响应。很快，乡政府工作人员赶到现场。

在武隆区水利局的指导下，后坪乡紧急调运最近的挖掘机疏通上游河道，减少入库的水量，同时加大水库排水来降低水位，并对出现的垮塌部位进行简单处理和加固支护，防止垮塌加大。

市水利局也根据现场情况，制定应急排险方案，并派出工作组赶赴现场，指导施工人员对排水沟进行疏通，用袋装土固定出现塌陷的坝坡部位，同时，用彩条布覆盖坝坡塌陷区域周围，防止雨水冲刷造成其他部位塌陷。

黄仕文介绍红山水库堤坝垮塌情况

（冉长军　摄）

黄仕文累了一晚，精疲力竭，大家劝他歇一歇，他二话不说又配合乡政府开始转移下游群众紧急撤离，对大坝下游道路进行交通管制。

就这样，通过专业人员排查险情原因，疏通河道岸坡垮塌体，将入库洪水控制下来，避免了险情的进一步扩大蔓延。

另一头，为了群众安全撤离，武隆区水利局又迅速调集薄膜、沙袋、抽水机、挖掘机防汛抢险物资和设备到场。

经过 1 个多小时抢险，清晨 6 点，红山二级水库水位下降，溢流停止。

协助搬运袋装土反压固坡、对坝坡坍塌部位进行处置、连夜加班加点协助排险施工……黄仕文停下来已是 17 日凌晨 3 点。

险情排除，整个排险过程持续 23 个小时，周边及下游 107 名群众无一伤亡，保障了红山一级水库安全和群众生命财产安全。

“老黄，谢谢你！”家住水库边上的苏桂学说。

黄仕文淡淡地说：“这是我的职责。”

“如果再晚两个小时发现险情，红山二级水库大坝下坡顶很有可能经受不住水流的连续冲刷而全部垮塌，大坝可能出现溃坝。”市水利局运管处处长李华说，正是黄仕文及时发现险情，后坪乡第一时间进行了先期处置，才确保了下游群众生命财产安全。

巡库 20000 余次，骑坏 3 辆摩托

后坪乡境内共有 2 座已成小（2）型水库，分别是红山一级、二级水库，其中红山二级水库集雨面积为 0.4 平方千米，总容库为 27 万立方米，大坝为土石坝，坝高 11 米，水库溢洪进入红山一级水库。红山一级水库集雨面积为 0.2 平方千米，总容库为 21 万立方米，大坝为土石坝，坝高 10 米。

一转眼，59 岁的黄仕文担任红山二级水库巡查管护员已经 12 年，平时每天至少巡库一次，汛期每天巡库两到三次，遇到强降雨更是每隔两三个小时就要沿着水库查看一遍。

12 年间，黄仕文累计巡库 20000 余次，足迹遍布水库周边每个角落，路上哪里有坑洼，山上长着啥树木，他都一清二楚。

“每逢下雨天，听到摩托车的声音，肯定是老黄来了。”苏桂学的家就在水库边上，他对黄仕文的摩托车声音辨识度极高，他知道只要下雨，黄仕文肯定第一时间出现在水库边上。

从黄仕文家步行到水库只需 10 分钟，但黄仕文已经习惯了骑摩托车。在他看来，一旦发生大雨或者是暴雨，摩托车总要比步行快得多。

就这样，12 年来摩托车也成了黄仕文工作必不可少的工具之一，直

到2019年黄仕文已经骑坏了3辆。

虽然只是水库管理员，为了把这项看似很轻松的工作做好，黄仕文还花了很多工夫。

必不可少的还有水鞋、手电筒，这些用具黄仕文已经记不清坏了多少套，换了多少套。

“不是黄仕文的及时报告，水库崩坝将危机上百群众的安全，他的这种对工作的责任心以及敬业精神让人敬佩。”后坪乡副乡长谢雷说。

武隆区是重庆市地质灾害高发易发区县之一，多次经历暴雨、局地大暴雨天气。黄仕文在定时巡查中及时发现险情，为组织抢险赢得宝贵时间。

◇ 本文发表于2021年1月5日华龙网

◇ 作者：冉长军、简梦

纪必攀：四海工地即吾家

距湖北省丹江口市1300余千米之外的广西大藤峡水利枢纽水土保持绿化工程工地，是汉江集团丹江口博远置业有限责任公司“85后”夫妻纪必攀和姚丹丹现在的“家”。为了这项工程，夫妻俩带着7岁的儿子把家从丹江口搬到了大藤峡。而这，只是一家人为了工程项目数次“迁徙”中的一次。

“工程人四海为家，辗转中还好能够彼此暖心相伴”

2011年，园林专业毕业的纪必攀走进园林绿化分公司，开始从事水保咨询和绿化施工管理工作。2015年，同为园林专业毕业的妻子姚丹丹也跟随丈夫的脚步进入公司，二人逐渐成为“金牌夫妻档”。

工地上的全家福

纪必攀在大藤峡水利枢纽工程绿化项目工地

二人搭档，陆续参与建设了不少工程项目，他们的家也随之“迁徙”——2015年，他们的“家”更多时间安在武汉的工地上，这是建设武汉园博园之晋中园项目和汉江集团公司总部汉江大厦绿化项目的需要；2016—2017年，他们的“家”又搬到了云南，白鹤滩水电站水土保持项目和玉磨铁路水土保持项目工地的简易板房里，两人又住了近一年。“项目在哪儿，我们俩的家就在哪儿。住工棚、睡板床，条件虽然艰苦，但工程人就是四海为家，辗转中还好能够彼此暖心相伴。”姚丹丹笑说，颇有些“此心安处便是吾乡”的淡然与乐观。

唯一让他们不安的是对孩子的牵挂。头几年里，因为孩子尚幼，工地条件又十分艰苦，夫妻俩不得不把孩子放在湖北孝感的父母家中。云南的项目结束后，姚丹丹接手了位于丹江口的项目，才把孩子接到身边照顾，夫妻俩也开始计划着在丹江口买房安家。

举家坚守大藤峡工地，丹江口的新房至今仍未入住

2019年，博远置业有限责任公司园林绿化分公司承接了汉江集团丹江口公司参股建设的广西大藤峡水利枢纽工程中的水土保持绿化工程。已是资深项目经理的纪必攀接到这项任务，没有丝毫犹豫，他一口应允：“广西大藤峡水利枢纽工程是国家172项重大水利项目，参与其中义不容辞。”

但是，现实问题摆在眼前——才安下的新家装修好后还没有入住，孩子才从老家接到丹江口一年多，如何忍心再次让他与父母分离？夫妻俩商量决定：这次，就带着孩子去工地！

一个是项目经理，一个身兼商务专员和资料员，“夫妻档”再次上阵。儿子也跟随他们远赴广西在工地附近上学，一家三口就租住在工地附近简陋的房子里。因为工作忙碌，夫妻俩常常要一整天待在工地上，孩子上学只能选择日托，一早送去晚上接回。“虽然辛苦，但是，看到一个个项目在我们手中完工，那种骄傲和自豪是难以形容的。”夫妻俩如是说。

2021年，大藤峡水土保持绿化工程通过前期验收进入后期养护阶段，由于分公司的另一项目山西太原滨河自行车专用道工程景观绿化工程工期紧张，纪必攀又从广西赶往山西支援……

至今，两人在丹江口的新家还没有入住过一天。在纪必攀回广西的短

暂假期里，一家人在工地上请工友帮忙拍摄了全家福。“哪里能团圆，哪里就是我们的家。”全家福上，一家人笑靥如花、幸福满溢。

◇ 本文发表于 2021 年 4 月 28 日中国水利网

◇ 作者：李聪

雷盼："世界第一跨"设计者

在贵州黔中水利枢纽一期工程建设中，有个工程叫龙场渡槽，位于六盘水市六枝特区龙场乡，单跨200米，是目前世界同类渡槽中跨度最大的渡槽，被称为"世界第一跨"。让人想不到的是，这个"世界第一跨"的设计者居然是一名年轻的"85后"。

她叫雷盼，任职于贵州省水利水电勘测设计研究院有限公司，高级工程师，出生于1987年，从事水工结构设计工作，长期奋战在设计一线，先后荣获2018年"贵州省优秀工程勘察设计奖"一等奖和"中国水利水电勘测设计BIM应用大赛"优秀奖、2017—2019年度省直机关五一巾帼标兵、2021年贵州省"最美劳动者"及2022年贵州省五一劳动奖章。

刚参加工作时，正赶上黔中水利枢纽一期工程全面开工建设，整个设计团队正处于攻坚克难的时期，雷盼被分入渡槽组。面对新环境、新挑战，年轻的雷盼面临着很大的考验，但她始终秉承认真负责、科学严谨的态度，很快将自己的理论知识转化为工作实践，从设计"小白"逐渐成长起来。她和同事不到半年的时间就完成了总干和桂松干渠近40座渡槽的定型设计工作，大大提高了出图效率，为现场顺利实施提供了保证。

雷盼正在查阅资料

在积累一定经验后，雷盼主动承担了龙场、白鸡坡、平寨等大跨拱式渡槽的设计工作。尤其龙场渡槽单跨200米，是目前世界上单跨最大的拱式渡槽，拱圈跨度大、载重高、结构复杂，在无任何先例可循的情况下，她大胆创新，细致求证，采用行业内首创的全断面预制缆索吊装施工工艺，解决了传统拱圈施工方案带来的拼接点结构施工难度大、质量难保证的难题。

雷盼说："当时为了多方面验证结果，不知道加了多少个夜班，绞尽脑汁地计算，但当结果准确时，如释重负的那一刻也是最轻松、最开心的时刻。"

设计期间，雷盼经常深入施工现场，与各方交流技术问题，切实解决施工中的实际问题。谈及在施工现场最难忘的一次，是在龙场渡槽正式吊装前，扣塔安装完成，需现场检查钢扣塔连接情况，从地面至钢扣塔有42米左右的高差，现场只有简易的施工爬梯，有恐高的雷盼仍坚持自己爬上扣塔，仔细检查连接件的焊缝、螺栓连接等细节，因为她坚信只有细致处理每一个细节，才能完成这项难度极高的工作。

说到最愧疚的事，雷盼说是对家人的陪伴太少。2016年，雷盼负责毕节市玉龙水库方案设计阶段工作，这也是当时贵州省内"十三五"时期的重点水利项目。当时她已身怀六甲，但作为项目负责人，她没有退缩，仍然与大家一起奋战在一线。怀孕刚过6个月，项目需前往北京开会审查，她仍坚持挺着孕肚前往，以高质量的汇报赢得了总院专家的夸赞。为了推进项目，直至生产前一天，她仍坚守在自己的工作岗位上。因孕期劳累，孩子早产，这也是她觉得最愧对家庭的地方。正是怀着对工作的热爱初心，让雷盼依旧奋勇前行。

在家人和身边同事们眼中，雷盼为人热情，乐于助人，热爱生活，始终以一个共产党员的标准严格要求自己，其求真务实、朴实严谨、锐意创新的工作作风在团队中获得了一致好评，在多个国家级重大项目中勇挑重担，为项目的科研、实施作出了贡献。

◇ 本文发表于2022年4月30日《贵州日报》
◇ 作者：李正兵

李国强：一名党员突击队长的国庆假期

2021 年 10 月 7 日 13 时许，河口黄河河务局八连控导工程抢险现场，一边是汹涌奔腾、即将漫滩的河水；一边是一望无际的水稻，正在由绿变黄，即将收割。河槽与稻田之间，一条临时抢筑的子堤即将完工。42 岁的李国强正在指挥吊车，向靠近坝体的河中紧急抛掷扭工体，沾满泥水的雨鞋踩在洁白的土工布上，每走一步都留下深深的脚印，显得格外有力。他快速地侧头在袖子上擦了一把汗，高声喊着“向左、向左!”此时，有人从帐篷里跑出来：“李队长，先吃口饭吧，你的泡面都凉了。”

又有一队运送抢险石块的卡车呼啸着驶来，他们的喊话瞬间被淹没在马达轰鸣和风浪拍岸声中。

李国强（左）和同事在抢护现场铺设土工布（曹士总　摄）

当天，是国庆假期的最后一天。七天长假，李国强一步也未曾离开抢险一线。

“三十多年没来过这么大的水了!”李国强说，他出生在黄河岸边，从部队退伍后成了一名治黄人，今年汛情突袭，便主动请缨参加抢险。9 月 30 日，他以党员突击队队长的身份，从机关来到前线，驻守八连控导工程抢险现场。白天，他查看河势、观测水位，发挥自己的技术特长指导现场人员抢险施工；夜间，他睡在守险房里，每隔两小时下床查看一次汛情……

随着国庆假期一天天过去，汛情也日益严峻，各方抢险力量不断向前线集结，李国强肩上的担子越来越重，“给各支防汛抢险队伍当好参谋和顾问，还得协调机械设备、防汛物资。”

前方汛情告急，后方也并不平安。连日阴雨，气温骤降，4 日，李国

李国强（右）接受媒体采访

（宋艳雪　摄）

强刚上幼儿园的儿子高烧达 39℃。他苦于分身无术，只得“视频探望”，同时交代妻子及时带孩子就医。

6 日，区防汛指挥部指派交通运输局协助抢修进场路段，保障防汛一线道路通畅。李国强没想到，前来对接的人员正是曾经朝夕相处的战友，二人顾不上享受久别重逢的喜悦，立即展开现场勘查。

7 日，为应对漫滩险情，一条 1600 余米长的子埝完成抢筑。而这其中，每一寸都留下了李国强的足迹和汗水。站在子埝上，指着面前立在湍急河水中的水位尺，李国强说：“当前水位是 6.97 米，洪水流量已经达到 5130 立方米/秒，我们昨天抛石 338 立方米，今天刚刚调来一批扭工体。”

……

据权威机构发布的信息，本次黄河大流量来水持续 15 天左右。眼瞅着国庆假期就要画上句号，这位党员突击队队长仍然任重而道远。本来，他还曾与爱人商量，趁国庆假期去一趟东营市区探望岳父。虽然只有一个多小时的车程，但这个计划了数月的小小愿望，还是被无情的大水“冲”走了。

但他不后悔。“我是党员，又是老兵，还懂技术，关键时刻我不上谁上！”胸前，别在橘黄色救生衣上的党徽熠熠生辉；身后，迎风招展的党旗插在隆起的沙堆上，猎猎作响。

◇ 本文发表于 2021 年 10 月 8 日大众网

◇ 作者：马宝涛、王成锐

李洪波：用脚步丈量河滩，用行动守护黄河

李洪波是济阳黄河河务局仁风管理段的段长，从部队退伍后，他参加了基层治黄工作。在大坝的巡护工作中，他勤勤恳恳，任劳任怨，从普通的工程技术员一直干到段长，多次被评为先进工作者和优秀共产党员。

沧海横流方显英雄本色

李洪波是家里的第二代治黄工作者，他的父亲也是黄河河务局的基层段长。他是听着黄河的故事、看着黄河上的人、喝着黄河水长大的，对黄河有一种难以割舍的感情。

李洪波小时候，父亲因为工作繁忙，交通不便，很少回家，到了汛期，李洪波更是见不到父亲的影子。只要父亲一回家，就骑着带大梁的老式自行车，驮着他去看黄河。在黄河边上，父亲告诉他："黄河是中华文明的摇篮，她哺育了华夏儿女，是滋养我们成长的母亲河，但因为难于治理，黄河也曾是一条洪水灾害频发的忧患之河，三年两决口，百年一改道，给两岸人民带来不小的灾难。历代劳动人民为治理黄河的水旱灾害进行了艰苦的努力。黄河宁，天下平。我们在黄河边出生，喝着黄河的水长大，更应该去守护母亲河，作为黄河守护者的一员，我觉得无比骄傲与自豪……"李洪波第一次从父亲那里听到了戴令德用身体堵住黄河堤岸漏洞的故事。

1949 年的秋汛持续了半个多月，黄河下游发生了黄河回归故道后的第一场大洪水。此时黄河的千里大堤，险象环生。9 月 16 日的深夜，19 岁的济阳黄河工程队队员戴令德提着马灯，和防汛值班人员一起在黄河济阳工段的大堤上，顶风冒雨巡查堤防。他徒步检查了大半夜，没有放过任何疑点。17 日凌晨，轮到戴令德换班休息，此时他已经非常疲倦了。

戴令德沿着沟杨险工大堤往舒家村临时住处走去，准备叫醒对班刘玉俊起来换班。突然，戴令德听到了哗哗的流水声，这个声音与平时波涛汹涌的流动声完全不一样。戴令德心头一紧，浑身冰凉：“坏了，坏了！大堤防要出事了！”

危急时刻，戴令德镇定下来，他仔细辨别水流声音的方向，发现声音是从背河发出来的。戴令德立刻举着马灯，冒着暴雨，顺着声音的方向，跑到背河去查看，终于发现一处河水打着漩涡往下抽，果然是大堤出了险情！戴令德知道，如果不及时处理黄河堤坝的漏洞，大堤就会毁于一旦。沧海横流方显英雄本色，在大坝生死存亡的关键时刻，戴令德没有退缩，他勇敢地站出来，决心与大坝共存亡。戴令德把马灯放在堤顶上，让赶来抢险的人们能够看见目标，然后跳入湍急的波涛中，在水面下 30 厘米处摸到了漏洞，此时的漏洞已经有碗口大小。他把身上披的油布和衣服全都脱下来塞进洞口，没想到，衣服立刻被吸到洞里。情况万分危急，戴令德没有丝毫的犹豫退缩，他拼命地扑向洞口，用身躯紧紧堵住了洞口。此时，洞口越来越大，洞的吸引力也越来越强，戴令德两臂使劲地扒住洞口的两侧，洪水淹没了他的身体，他的头勉强露出水面呼吸。戴令德一动不动地堵在洞口，他知道，稍微松懈就会被吸进洞里，他只有一个念头：宁肯死在洞中，也要守住黄河！真是天无绝人之路，就在戴令德极端虚弱，几乎支撑不下去的时候，他的对班带着工友，拿着工具及时赶过来。大家七手八脚地把戴令德从洞口中拽出来，又把麦秸包抛入河中，对漏洞进行紧急抢堵。这时候，跑过来抢险的人越来越多，经过大家的奋力抢护，终于控制了险情。

李洪波（左）向上级领导介绍仁风管理段检查 2022 年汛期防汛情况（杨华龙　摄）

戴令德的故事就像一粒种子，在他幼小的心里生根发芽，他对母亲河有一种亲切感。从那时起，李洪波暗暗地下定决心，长大后，要做个像戴令德那样的英雄，守护着母亲河。在父亲的影响下，李洪波从部队复员后，怀着梦想，来到父亲单位工作，成了一名用脚步丈量河滩、用行动守护黄河的巡视员。从此，他不惧风雨、不畏险阻，踏上了守护治理黄河的工作岗位。李洪波的工作很平凡：负责管理段工程管理、在大坝上巡查进行工程的日常维修养护，防汛防凌、协助水行政巡查，对破坏防汛物资，砍树损害草坪，乱扔垃圾等不良行为进行阻止……

作为老黄河人，父亲告诉李洪波一定要多看，多动手，多动脑，多向有经验的前辈们学习，把他们治黄的经验传下去。在父亲的鼓励下，李洪波虚心学习，潜心钻研，在老员工的帮助下，他从最简单的认识坝头、看水势开始学习，很快就能应对各种突发情况。李洪波在工作中快速成长，很快就能独立地完成巡查任务，成长为一名优秀的段长。

洪水不退他们坚决不撤

与大部分河流不同，黄河每年有桃汛、伏汛、秋汛、凌汛四个汛期，因为受到季风的影响，黄河河川径流的季节性变化很大，夏季和秋季的汛期被称为“秋伏大汛”，此时，黄河水暴涨，很容易泛滥成灾，需要严阵以待。2021 年秋，黄河中下游秋汛洪水洪量大、来势急、历时长，是 1985 年以来最严重的秋汛，也是自 1988 年以来最大流量的洪水。济阳黄河河道内 5000 立方米/秒以上的流量持续了 12 天，4000 立方米/秒以上的流量持续了 28 天。湍急的黄河水汹涌地冲刷着堤防，从河上看下去，感觉黄河水就要溢出来了，连续的强降雨和气温骤降给防御洪水的工作带来了极大困难，黄河秋汛的防御形势非常严峻。工作了这么多年，李洪波还是第一次见到这么大的洪水。他看出新员工很焦虑，于是耐心地疏导大家紧张的情绪，他给新员工们介绍近年来黄河的变化，介绍防汛的情况，告诉他们如何探查根石，观察水位，给他们讲戴令德的故事。在他的感染下，新员工们终于放下了顾虑。

李洪波（右）带队进行室外根石探摸作业（杨华龙　摄）

防御秋汛期间，李洪波率先将防汛值守板房、帐篷和指挥部前移到黄河的坝头，移到出险附近的地方。因为防汛任务繁重，李洪波和他的同事们一直坚守在岗位上，一个多月没有回家。他们每小组 3 个人，分成 3

组，每组巡视 8 个小时，他们每天穿着救生衣，拿着探摸杆和安全绳，相互提醒着，不分白天黑夜，在黄河岸边的各个坝头进行不间断的巡查。夜里光线不好，他们加大了巡查力度，在临时的帐篷里定好闹钟，每隔两个小时就进行夜间巡查。他们拿着强光手电照坝体看有没有裂痕和缺石，查看水面和标尺显示的水位；拿着探水杆，测试河下的石头是否被冲走，发现情况立刻上报。如果是晴天，巡护工作的条件相对好一些，如果遇到刮风下雨的恶劣天气，路面积水严重，道路很滑，会给巡视工作造成很大的困难。

这天，黄河风大雨急，李洪波和他的同事们巡视完大坝，走进了刚搭起不久的帐篷，坐下来准备休息。此时，风越来越大，雨越下越急，帐篷外面下着大雨，刮起大风，帐篷里也下着小雨、刮起小风。由于雨太大，土地松动了，固定帐篷的栓子倒在地上，一阵狂风吹过，把帐篷掀翻了。李洪波等几个人被淋得透心凉。他手疾眼快和几个同事拼命抓住了帐篷，不让风把帐篷吹走，几个人冒着大雨，重新把帐篷搭起来。大家刚搭好帐篷，就到了第二次巡查的时间，李洪波不顾疲倦，准备穿上救生衣和雨衣进行巡查。此时，他听见几块石头落水的声音，李洪波的心里“咯噔”了一下，凭着多年的经验，他立刻判断出该段工程有根石走失的现象。在汛期出现根石走失的问题，必须及时采取措施进行处理，否则很容易造成塌坝，后果非常严重。

李洪波（右）与水政监察人员细心检查浮桥值班情况（季厚民　摄）

李洪波心急如焚，连雨衣都没来得及穿，连忙冒雨出去查看，河边道路泥泞，在队友配合下，李洪波系着安全绳下到水边用探水杆检查水下根石走失的情况。后面的同事紧紧地拉着安全绳配合着李洪波，以防出现安全问题。李洪波通过探摸发现，正如判断的那样，在回流较急的控导工程中，出现了较严重的根石走失情况，必须马上行动。这时，雨越下越大，风越刮越疾，大家穿着救生衣和雨衣，冒着狂风暴雨，在野外恶劣的环境中进行根石走失的预加固。

李洪波第一时间把险情上报到局里，征得领导同意后，他们当天就开始指挥工程车辆进行抛石预加固工作。但抛石工作进行得很不顺利，因为控导坝顶是土质结构，连夜的大雨浸透了土壤，轻型自卸车无法进入现场，装载机等重型车辆都出现了打滑和侧移的问题。运输工作遇到极大的困难，但抢险工作一刻也不能耽误。李洪波立刻下达了垫石垫土的指令，他们临时开辟了一条抛石的路，用机械把石头放在铅丝笼里增加重量。这个工作需要人工把铅丝笼抚平后再用铁丝打包。因为情况紧急，李洪波在搬动石头的过程中，防护手套被划破了，他的左手被拉出一道很深的血口子。轻伤不下火线，他进行了简单的包扎，接着就和大家一起搬运石头。经过努力，大家仅用了一天的时间，就完成了加固的任务。这时候，李洪波长出一口气，一阵钻心的剧痛袭来，原来他的右手也被石头磨出了一个大血泡，正在向外渗血。

连续的暴雨，导致大坝出现了更多根石走失的情况，李洪波又马不停蹄地带领全段职工冒着大雨，指挥车辆进行抛石作业。他们日夜坚守一线，连续作战，指挥工程车辆抛石加固小街控导工程，抛了 6000 多立方米的石头，最终遏制住了根石走失的问题。汛期过后，他们管理段做了总结工作，把易出险的地方进行了特别的标记，对出险的情况也进行了详细记录，为今后的防汛工作提供了参照，最大限度地保护着黄河的安全。

防的是汛，靠的是黄河人

“防汛防汛，防的是汛，靠的是人”，这是李洪波的口头禅，他说，防汛的前提是做好防汛人员的后勤和安全保障工作。救生衣等防汛物品是保护同事生命安全的一道屏障，李洪波非常重视防汛物品的储备和检查工作。他每天都要检查大家的救生衣有没有破损，安全绳的穿戴是否合乎规范。有一次，李洪波看到一个年轻同事没有系好救生衣的绳子。他立刻走过去，帮他系好，看到同事并没有把这件事放在心上，李洪波为他担心。为了让同事牢牢地记住这件事，李洪波把他当成了反面典型，对他进行了耐心的说服教育，终于使他认识到了问题的严重性，及时地改正了错误。

“远看像卖炭的，近看是修防段的”，防汛工作在野外作业，风吹雨淋，大多数黄河巡视人的皮肤被晒得黝黑。他们晴天一身汗，雨天一身泥，非常辛苦。在防汛紧急的时候，大家的体力消耗极大，有时候甚至透支，李洪波非常注重员工的饮食营养。他整理了菜地，种植了十多种蔬菜，变着花样地更换各种食物，为大家准备可口的饭菜，让员工吃上了绿色无公害的蔬菜，还增加了牛奶、水果等容易消化，又有营养的夜宵，为夜晚巡查的同事补充了充足的营养。

作为段长，李洪波不但在工作上关心大家，在生活上也帮助大家。有个新员工和女朋友的感情很好，到了谈婚论嫁的地步。他来到段里上班不长时间，女朋友就提出了分手。新员工很受打击，情绪低沉。李洪波看到乐观开朗的小兄弟经常一个人发呆，主动找他谈心，问清事情的来龙去脉后，李洪波帮他找出了原因，告诉他如何挽回这段感情。在李洪波的帮助下，新员工主动找到女朋友谈心。经过再三解释，女朋友才知道他的工作需要在大坝上巡视，大坝周围的信号不好，经常无法正常地接到电话，所以联系不上，并不是两个人之间的感情淡了。女朋友知道了他的艰辛，谅解了他，两人终于重归于好。

巡查工作是琐碎的，平凡的，但又是极为重要的。一次巡查中，李洪波听见凄厉的求救声，原来，几个在河边戏水的学生，其中一个学生滑到水里，眼看就要被水冲走。另外两名同学伸手前去救援，结果三人都被河水冲走了，他的伙伴们被突如其来的意外吓瘫了，等他们反应过来，立刻大声呼救。危急时刻，李洪波和同事们挺身而出，迅速在事发现场组织紧急救援，几个人把安全绳和救生圈扔了过去。经过一番挣扎，一个落水者终于抓住了绳子，岸上所有人用尽全身力气，把他拽上来，随后又救上来一个落水的学生。经过一番抢救，两个学生终于脱离了生命危险。遗憾的是，但由于事发突然，水流湍急，其中一个学生因为离岸较远，无法及时施救，他转眼就被黄河水淹没了。救援工作进行了很长时间，他依旧下落不明。以前，李洪波经常接到上级的通知，让他在巡视的时候多注意告示上因为各种原因失踪的人。他为那些生命感到惋惜，但没有见到遗体，很快就淡忘了。这次，李洪波第一次近距离地接触到死亡，他感到生命如此脆弱。逝者父母、亲戚看着黄河，撕心裂肺地哭喊着孩子的名字，在巨大的悲痛之下，孩子的母亲晕倒在地，周围的人立刻掐人中、做急救，过了很长时间，她才慢慢地睁开眼睛，再次痛哭起来，那绝望的哭喊声刺激着所有人的神经，让人感同身受。李洪波想去安慰劝阻，却又不知道如何开口，这个场面让他终生难忘。

李洪波终于明白，看似风平浪静的黄河，其实处处充满了危机，黄河水下水流湍急，泥沙暗涡极多，是名副其实的危险河。从那以后，李洪波感到身上的担子更重了。他要把所有的危险全都消灭在萌芽状态，每次巡视，只要看见有小孩在附近嬉戏，看见有领着孩子玩的家长，看见独自垂钓的人，立刻上前劝阻他们离开。遇到不听劝阻的人，李洪波总是不厌其烦地告诉他们危险，直到他们离开。作为黄河巡护人，李洪波最担心刮风下雨这样的恶劣天气。每次下大雨，他的心就会悬起来，担心出现根石走失造成工程险情，担心水沟浪窝对工程造成损害。如果出现大风天气，他总是担心种的树被风吹倒在公路上，阻挡过往的车辆。每次出现恶劣天气，他就加大巡视的力度。

李洪波说，近两年他们在工作上和附近居民打交道多了，河地之间的关系越来越和谐融洽。以前，他们严禁在防汛道路上打场晒粮，每年都阻止当地百姓在黄河河道范围内违规种植树木，清理整治河道治理范围内乱占、乱采、乱堆、乱建等突出问题。当时，附近的村民不理解，不合作。他只好不断地解释：违规种植树木，一旦发生洪水险情，这些树林就会阻碍行洪速度，对防汛抢险带来巨大困难。听了宣讲后，大部分居民非常合作，也有人对他们的劝说置若罔闻，他们只好去居民的家里耐心地说服教育。一段时间后，村民们被他们的诚心感动了，慢慢地了解了国家的政策，开始配合他们的工作。有时，村民们遇到拿不准的问题，还会主动过来咨询，看着村民们可喜的变化，李洪波非常高兴，他决定把工作做得更深更细，争取得到更多人的支持和理解。

因为工作繁忙，李洪波很少回家，谈起家人，李洪波有些愧疚。孩子上学，父亲生病，家里的大小事都是妻子一肩挑，为了让他把全部身心投入到工作中，妻子默默地支撑起了家庭重担，没有任何抱怨。工作忙的时候，他和妻子进行视频聊天，妻子告诉他家里一切正常。但他并不知道，父亲在例行查体中，刚查出了重病，需要住院治疗。这时候正好赶上汛期，作为老一代的黄河守护人，父亲知道他身负重任，分身乏术，为了不影响他的工作，父亲瞒着他去医院治疗，直到汛期结束，他才知道父亲的身体情况。

为了让他安心工作，不再牵挂家里，妻子领着孩子去单位看他。那天，李洪波和同事们巡堤回到驻地，一进门就闻到了香味，妻子从家里带来很多东西，专门包了他最喜欢吃的韭菜肉和茴香苗的饺子，还做了红烧排骨、炒鸡蛋、土豆丝，看着妻子做的这些可口饭菜，李洪波心里充满了感激之情。他邀请管理段上的同事一起吃夜宵，补充消耗的体力。榜样的力量是无穷的，秋汛期间，江永彬和王瑞锋的家属生病住院需要照顾，但段上人手紧张。他们以大局为重，放弃了休假，依旧坚守在防汛工作的一线。在大家的努力下，管理段圆满地完成了秋季大洪水的防御工作。汛后，管理段被评为“2021 年济南黄河秋汛洪水防御先进集体”，还有同事获得了“2021 年黄河秋汛洪水防御先进个人”“2021 年度山东省新时代岗位建功劳动竞赛标兵”等多项荣誉称号。

李洪波（中）与管理段职工共同研究无人机操作技能（杨华龙 摄）

李洪波说：“功成不必在我，功成必定有我！没有人生而英勇，保护母亲河就是在平凡的岗位上做出不平凡的事。黄河基层管理段是黄河工作的第一线，我深感责任重大。现在是智慧黄河建设的关键时期，河务局强化无人机巡查、视频监控、视频会商的三个全覆盖和夜晚亮化工程的应用，减轻了我们基层员工的劳动强度，提高了人员现代化设备的操作水平，为黄河安澜筑牢了坚实的屏障。作为黄河基层管理段一线的老段长，我要跟上时代的脚步，努力学习新知识，保持着治黄工作的初心。用努力工作默默地守护着我们的母亲河，为黄河安澜而奋斗。”

◇ 本文发表于 2022 年 8 月 19 日人民融媒体（公众号）

◇ 作者：吴晨阳

李凯：汉江水文“状元郎”

“三百六十行，行行出状元”是第三批全国水利行业首席技师李凯数十年如一日践行的箴言。作为长江水利委员会汉江水文水资源勘测局丹江口分局副局长、水文勘测工高级技师，李凯的职业生涯与技能成长，正如他为之守护、为之奋斗的汉江一样，奔流不息，奋勇向前。

技能立本

长期在水文一线从事技术工作的李凯深知，作为一名水文勘测工，测验工作应始终以规范规定为指南，理论与实际相结合，现场操作始终坚持“标准动作”。扎实的理论知识、严谨的工作态度，使他在汉江局、长江委的水文勘测工技能竞赛中多次获奖。

1992 年，年仅 22 岁的他在长江委第一届水文勘测工技能竞赛中取得乙组第二名的好成绩。自此他便在心中立下誓言，不仅要强化业务技能，更要在水文勘测工作上做深做精，争当汉江水文的“状元郎”。

在此后的工作中，他把豪言壮志化作前行的动力，先后荣获了“湖北省行业技术能手”“全国水利技术能手”等荣誉称号，以及水利部第二批、第三批“全国水利行业首席技师”称号。

创新为准

李凯深知水文测验技术、方式、方法改变对提高水文资料成果的重要性。他积极探索分析水文测验新方法，确保水文资料质量，提高水文社会公信力。

随着科学技术的高速发展，高新技术逐渐运用于水文监测工作，为弄清楚测验工作中发现的问题，李凯加班加点学习、查阅资料，被同事们称为“拼命三郎”。

汉江丹江口水库下游出库流量监测数据是否精准，决定了汉江水文的数据支撑是否有力。为了更好地进行水文监测，分局引进了一批走航式ADCP（Acoustic Doppler Current Profiler，声学多普勒流速剖面仪）施测流量监测设备，然而使用说明书全是英文。见此情况，李凯不仅借助软件翻译了全英文说明书80多页，还尽快掌握了设备的使用、操作、维护要领。监测设备投入使用后，为收集到出库流量的全量程比测数据，他与团队收集试验样本50次，其中夜间样本25次，比测试验、误差分析、修订方案，经常通宵达旦，最终实现了走航式ADCP常态化流量监测投产应用。

在南水北调中线供水工作中，由李凯带队的首席技师工作室团队为中线渠首陶岔水文站制定了时差法流量计比测、实验方案。团队还自创了滑轨法进行时差法流量计安装、比测、试验、仪器维护，收集样本38次，依据样本3次修订参数模型、验证模型参数，最终实现流量监测数据实时在线监测。为此，陶岔水文站也成为长江水文首个使用时差法流量计的水文站。

育人铸魂

水文行业“师带徒”的优良传统成为李凯做好“传帮带”的指路明灯。

作为水文高级技师，提高年轻同事业务技能和科研创新水平是李凯育人的目标，他多次参加汉江局技能提升等级鉴定、分局业务技术培训授课，先后8人通过技师、高级技师技能等级鉴定。

2014年以来，李凯现场指导武汉大学、长江大学水文与水资源工程专业学生进行水文专业实训。2016年，全国水利行业首席技师李凯工作室成立后，他和工作室团队每年实训学生150人次；他作为长江工程职业技术学院聘请的技能导师，每年到学院授课、传授工作技能，大大提升了长江水文的社会知名度。

如今，李凯已成为长江委水文勘测工作中干一行爱一行、干一行精一行的工人代表。“年轻时希望自己是‘状元郎’，现在我希望能够通过我的‘传帮带’，培养更多年轻的‘状元郎’。”李凯笑着说。

◇ 本文发表于2021年5月15日《中国水利报》
◇ 作者：佚名

李礼：十余载潜心科研一线　守卫首都供水安全

北京市自来水集团有限责任公司技术研究院技术带头人李礼扎根科研一线十余载，执著专注、精益求精、注重实效，努力探索供水前沿科技，用智慧和汗水完成了一项项科研创新。她先后获国家专利 9 项、中国城镇供水排水协会科学技术奖 1 项、北京水务科学技术奖 6 项、自来水集团科学技术奖 14 项；在国家核心期刊发表论文 11 篇；参与国家级科研项目 5 项、市级科研项目 3 项，展示了自来水集团科技工作者拼搏奋斗、勇攀高峰的精神风貌。

李礼求真务实，甘于奉献，长期坚守科研一线。十几年来，李礼先后赴河北省黄壁庄水库、河南省郑州市黄河水源地、湖北省丹江口水库等试验基地现场研究。在北京市科学技术委员会重大项目“北京市饮用水安全保障关键技术和系统应用示范”研究期间，李礼带领小组成员前往河北省黄壁庄水库试验基地，在水库边的一个小水站里安营扎寨。她制定了技术研究方案，组织开展研究试验，还要安排好大家的衣食住行。最终在她和小组成员的共同努力下，仅用两个月时间便成功研究出适合的预氧化处理技术，为北京市供水系统顺利接纳河北省应急水源作出了重要贡献。

国家水专项课题研究期间，李礼全身心地投入到千里之外的湖北省丹江口水库试验基地第一线，开展研究和数据采集工作。试验基地设备多、管路复杂。她精心呵护每套设备，将设备的脾性了然于心。当试验过程中出现水泵故障、零件耗损、管路漏水等突发状况时，她就像一个熟练的修理工，及时解决，确保试验连续不间断、试验数据可靠有效，为北京市供水顺利接纳南水提供了宝贵的数据支撑。

李礼善于学习，敢于进取，科研工作成效显著。她坚信唯有不断学习、接触领域最新知识、拓展知识圈层，才能始终站立在科研领域前沿，为自来水集团科技创新工作贡献更大力量。

李礼开展多水源情况下供水管网适配性研究

李礼主持开展供水系统中铝残余特征研究时，起初使用常规方法，一度陷入困境。经过苦思冥想，她意识到各管网监测点的检测数据不仅存在水质差异，还具有空间差异。她从零开始自学 GIS（地理信息系统）软件，并依托软件平台展示功能成功找到了供水系统中铝残余物的变化规律。随着研究局面的打开，她又成功利用自己攻读在职研究生期间学习到的铝的非均相体系平衡理论，解释了管网铝含量存在差异的机理。最终，该项目得到评审专家的一致肯定，认为研究成果达到国内领先水平。在此基础上，她又进行了供水管网水质的综合研究，建立起基于 GIS 软件的水质分析工作平台，为自来水集团智慧供水系统升级提供了数据支持。

在国家"十一五"水专项课题有关南水北调问题研究期间，李礼与团队及时研制了一套能和地下管段快速对接的原位试验专利装置，用确凿的数据解决了预测难题。为了更加直观地展示科研成果，李礼跨界自学图像处理软件，成功绘制市区风险等级图，获得了良好的展示效果。

李礼勇于创新，主动攻坚，积极实现成果转化。她瞄准生产运行中的难点、节点，不断跨界创新，积极推动先进技术在供水领域的应用，为优化水厂工艺作出了突出贡献。

当前图像处理技术飞速发展，李礼敏锐捕捉到这项技术和水厂运行的结合点，利用摄像头和图像分析技术，研制了"沉降比自动分析装置"并申请专利，实现了水厂机加池工艺中沉降比这一重要参数的自动读取，提高了水厂自动化管理水平，使数据读取更加客观精准。研发初期，她带着自制的装置设备整天蹲在机加池的污泥取样口，经过无数次调整，最终确定了检测程序和零件位置。该设备现已在郭公庄水厂所有机加池应用，每 10 分钟即可自动检测一次沉降比。

研究中李礼发现，已应用到很多供水工艺中的水处理药剂聚丙烯酰胺还未在机加池工艺中使用过。她结合机加池冬季混凝效果差的难题，创新性提出了将聚丙烯酰胺应用于机加池作为应急储备的技术，有效控制了池内絮体过轻导致出水浊度偏高的情况，获得了极好的效果。该技术被郭公庄水厂采纳并投产应用，同时被纳入自来水集团其他水厂的改造及设计方案中。

◇ 本文发表于2022年9月1日《首都建设报》
◇ 作者：北京市国资委宣传工作处

李敏：尽心尽责为治水 善于“找茬”擅解题

在重庆，涪陵区是河长制走得较早、办法较多、推进有力的区县之一。

李敏查看水质（李敏供图）

李敏是涪陵区水利局河道科科长，另一个身份是区河长办工作负责人，足见他在全区河长制工作中的重要作用。

涪陵区在全市率先出台“一河一策”编制指导意见并率先编制完成“一河一策”方案；率先探索建设“智慧河长”信息系统并投入试运行。李敏的献智献策，为涪陵区四大班子合力推动河长制工作打下了坚实基础。

有担当，主动承担治水重任；有想法，急人所急；有办法，长于开拓性地展开工作，这是很多人对李敏的评价。

水利老兵——情系“三农”扎根水利，助贫困村“解渴”

不管是在水利系统内，还是挂职在地方工作，李敏一直都做着“水”的文章。

在水利战线上，他注重通过调研和数据分析，着力解决全区水生态、水环境、水资源保护存在的主要问题，推动“三水共治”，成效明显。

在深入基层并多次到乡镇挂职“支农”期间，他在多个岗位上都能迎难而上，深刻体会了群众对水利建设的期盼，更坚定了做好水利事业、服务人民的决心。

2016—2017 年，在大木乡挂职乡长助理期间，李敏积极协调区级部门，为当地贫困村争取河流治理资金项目 2000 多万元，有效改善了当地生产生活条件和防汛抗旱能力，协助双江水库、杨家湾水库等重点水利工程顺利推进。此外，还协调、筹集 60 余万元资金，建设 8 口山坪塘和人饮设施，解决了 500 余人的饮水困难。

“两不愁三保障，水的保障是重要一环，既然我是干这一行的，就要为群众多解决用水的难题。”李敏说。

李敏（右二）与同事在江滩巡查（李敏供图）

涪陵区水利局相关负责人透露，该区江东片区的罗云乡、焦石镇、大木乡、武陵山乡为高山喀斯特地区，缺少骨干水利工程，为了解决群众特别是贫困户饮水困难问题，李敏多次到现场调查摸排农村饮水现状，制定工程措施方案，积极推动项目建设，“水到渠成”逐一实现。

企业救兵——推动水资源费标准调整，促公平促节水

在负责水资源管理工作期间，李敏每年都组织开展全区取水企业清理排查。

排查不是走过场，而是找出问题并解决问题。李敏还在这个过程中推动了全市取水资源费的规则修改。

李敏在查阅资料（羊华　摄）

向下，他主动到企业上门了解取用水情况，并宣传法律法规和审批程序，严格执行建设项目水资源论证制度。

向上，他主动对接发展改革委、环保等部门，控制高耗水、高污染项目落地。

在调研中，李敏发现了热电企

业的“痛点”，并及时为其排忧解难。

“中机国能（重庆）热电有限公司是区内重点企业，他们反映按发电量缴纳取水资源费不合理，企业通过技术创新实现了节水减排，仍按这个标准缴费显得不公平，也不利于企业提升节水的积极性。”李敏打了个比方，就像开车，要缴纳燃油附加费，但有些混动车甚至纯电车，搞一刀切，缴这个费就不合理了。

为此，李敏于 2013 年和 2014 年写了报告，多次向市里反映。市发展改革委、市水利局等也组织了相关部门来涪陵等地的火电企业调研，于 2016 年修改了火电企业水资源费征收标准。

“修改了标准之后，仅中机国能热电每年可减少支出近千万元，也有利于水资源节约利用。”李敏说。

创新奇兵——努力更借力，河长制“涪陵模式”在全市推广

李敏喜欢在实践中找问题，在问题中动脑筋解题。

涪陵区水利局相关负责人说，李敏积极建言献策，促成区、乡镇、村三级河长体系的建立，涪陵区也得以 2017 年就在全市率先实现所有区领导均担任区级河长，率先建立区、乡镇两级河库警长体系，并作为“涪陵模式”在全市得到推广。此外，涪陵区还落实各级管护人员，形成了“覆盖全面、责任明晰、管护有力、监督到位”的河长团队。

涪陵区还在全市率先出台“一河一策”编制指导意见，率先编制完成“一河一策”方案，率先探索建设“智慧河长”信息系统。

“智慧河长大大节约了人力，提高了效率。”李敏说，通过大数据、云平台等手段，统筹整合多部门信息系统，涪陵区打造了数据资源共建共享、动态监测与实时预警、指挥调度智能快捷、实战处置科学高效的“互联网＋”河长制管理系统平台。系统平台建成后，长江、乌江涪陵段主要区域实现了高空视频监控全域覆盖，水利、环保、港航、渔政等部门监测数据、信息通过平台链接公共服务网络，为各级决策层提供了决策依据。

“智慧河长”投用以来，利用新技术开创了跨部门协同下的河库管护新模式，既为河（库）长制覆盖全流域、覆盖各水域发挥显著作用，也为全区筑牢一道水环境保护网，长江、乌江涪陵段沿线巡查管护力度不断加大，非法采砂行为得到全面禁止，毒鱼、电鱼行为得到明显遏制，水域岸线垃圾得到及时清理，污水直排、偷排等乱象也得到了迅速处置。

2019 年和 2020 年，重庆市相继发布第 1 号、第 2 号总河长令，为贯彻落实好总河长令，李敏与河长办同事一起深入长江、乌江及各条支流沿线，坚持巡河、查河，主动发现问题、解决问题，仅 2020 年就发现 91 处“三乱”问题，已完成整改 89 处。其中，发现清溪镇正宇商品混凝土有限公司投资两千万元在长江边非法建设混凝土企业，需拆除取缔，因涉及面和影响较大，加之业主抵触，整改工作推进得极为不顺，李敏不畏困难，一方面上门向企业宣传法律法规并积极协调企业所在地方政府做工作；另一方面向区政府汇报，争取政府支持。尽管如此，拆除工作依然进展缓慢。为此，李敏又充分发挥河长特别是总河长的作用，在安排区委书记、区总河长巡河时，将这个问题点位作为巡河的重点，把问题及时反馈给主要领导，得到区总河长的高度重视，明确要求“保护长江母亲河，坚决拆除违法建筑”，很快问题得到全面整改，违法企业全面拆除并复绿。

李敏认为，有时候工作是死的，但人是活的，只要敢于直面问题，就一定能找出解决问题的办法。

◇ 本文发表于 2021 年 1 月 29 日华龙网

◇ 作者：羊华

李少林：脚踏实地，走向广阔天地

2022 年 9 月，在共青团中央组织开展的第 21 届全国青年岗位能手评选中，长江设计集团有限公司枢纽院的李少林榜上有名。让我们一起走近李少林，聆听这位青年的成长故事。

见到李少林的时候，他还未完全从出差的劳累中恢复过来。因为经常要在项目间奔走，所以李少林在单位的时间很少。

尽管神情难掩疲倦，可是当聊起曾经做过的那些项目，研究的那些成果，李少林好像一下子来了精神，他记得工作中的很多细节，滔滔不绝，神采飞扬。这份热情，让人感受到，他是真的热爱这个职业，热爱这份工作。

立足实际："办法总比困难多"

2016 年，李少林从武汉大学毕业获得博士学位后，进入长江设计集团有限公司枢纽院，从事水利水电工程安全监测设计咨询和科研工作。

安全监测人员就像是守护大坝的"哨兵"，不仅要负责监测仪器的布置，还要对监测数据进行分析，从一行行的数据中，预测出可能的风险，从而灵活调整施工进程，指导施工建设。

作为安全监测专业的技术骨干，李少林自参加工作以来，长期扎根在重大工程的建设一线，先后从事金沙江乌东德水电站、金沙江旭龙水电站、安哥拉凯凯水电站、尼泊尔上阿润水电站等国内外多座大型水利水电工程安全监测设计服务工作。

安全监测是指导施工、反馈设计、调控运行的重要手段，李少林负责安全监测现场技术服务工作，及时解决现场建设技术问题，为保障施工安全和工程安全提供支撑。2020 年 1 月 15 日，乌东德水电站下闸蓄水期间，他连续一周，每天出一期简报，对大坝重点部位的数据实时监控，及时收集、汇总、分析工程枢纽区和库区安全监测成果，为下闸蓄水提供决策支持。在监测系统持续监控下，经过精准的数据综合分析，自下闸蓄水后，坝前水位两次接近正常设计水位，乌东德水电站的各项安全监测成果均正常，确保了这一大国重器的平稳运行。

对工程师来说，没有简单的项目。在谈及工作过程中遇到的困难时，他思考良久回答道："办法总比困难多吧。"

每一个项目都会有各种各样的困难，但作为工程师，他们的任务就是解决这些困难。有时候，"难点"往往也等同于"创新点"。

同样是在乌东德水电站，大坝两岸需要设置数个外观自动化监测站，传统的监测站是一个占地面积约 9 平方米的小屋子，里面放置测量机器人。这种老式监测站的弊端十分明显，如果将其放置在观景平台上，监测站突兀的外观会影响项目观景平台的整体效果；如果设置在高陡边坡上，由于道路条件差，建筑材料运输不便，会给工作人员增添不少难处。

李少林反复研究、优化方案，创新性地对观测站进行改良，设计出了一体化观测站。这种新的观测站不但外形美观，能够和观景平台完美融合，而且在安装时需要的材料也大大减少，方便设置在各个地方。

"关关难过关关过"，面对困难时，李少林从不逃避，而是直面挑战，勇敢踏出每一步，也正是靠着这股闯劲和踏实肯干的精神，他的前行之路越走越宽。

创新科研："我想做一点点自己的贡献"

在李少林的身上，有着工程师的踏实，也有着科研工作者的严谨。

作为工程师，他参与的工程项目屡获佳绩，他本人也获得教育部科学技术进步奖一等奖 1 项、中国大坝工程学会科技进步奖特等奖 1 项等，并在 2020 年作为水利行业唯一的企业代表，入选中国科协"青年人才托举工程"。

作为科研工作者，他在国内外权威期刊上发表了 10 余篇学术论文，出版专著 1 部，获得授权发明专利 4 项、实用新型专利 9 项。

这些耀眼荣誉的背后，是他一步一个脚印、踏踏实实地走出来的。

博士毕业后进入长江设计集团的博士后工作站，回忆起这段经历，李少林觉得十分珍贵。

与其他流动站的培养方式不同，长江设计集团博士后工作站要求科研与生产任务相结合。这种培养方式的优点是能够让研究人员将理论研究与现实生产紧密结合。但挑战也显而易见——忙于项目上的工作，就很难有完整时间做研究。

尽管如此，李少林仍在繁重的生产任务中致力于科研，见缝插针地利用工作间隙抓紧时间看文献，牺牲本就不多的休息时间潜心科研。靠着这份坚持和努力，他最终博士后考核“优秀”，顺利出站。

在问及他的科研动力时，李少林有些腼腆地说：“我只是想用自己的能力去尝试做一些科研上的突破，为水利事业作出一些贡献。”

李少林在乌东德水电站项目现场

李少林用实际行动证明了自己的初心。针对库岸边坡监测采集、传输、利用三大技术难题，李少林和团队一起研发了“基于物联网的库岸边坡智能监测技术”，并成功运用于乌东德水电站、巴基斯坦卡洛特水电站，实现了监测数据的实时遥测召测、高清视频的低流量加密传输和海量监测信息的综合利用。利用这种技术，极大地提高了工作效率和数据的及时性、准确性，让数据的价值发挥到最大。

在谈到如何看待科研工作者和工程师这两种身份时，李少林直言，在他看来这两种身份之间其实并没有太明显的界线。科研工作者更注重理论研究，而工程师以解决具体问题作为首要目的。将研究成果投入到实际运用中，实现科研上的突破，得到业主的认可，真正把科研成果运用到祖国的建设中，这是一个科研工程师最大的快乐。

前行之路：“一步一个台阶”

个人的成长，离不开环境的影响。与良师为伍，与智者同行，李少林在工作中也受到身边前辈的影响。

他记得自己刚参加工作那会，每次画完设计图纸，交给老师武方洁教高审核时，老师总会一遍遍仔细检查，每套图须经过多次反复修改并重新提交校审后才最终发出。经过老师修改后的图纸，确实比之前更加严谨了。从那以后，李少林每次在交设计图纸之前，都会像老师那样，反复检查、认真校对。

如今已工作 6 年的李少林，在很多工作中已经能够独当一面。谈及自己的经验，他坦言，在工作中，要学会以问题为导向，依托项目工程总结经验；在科研上，不要给自己的思维设限，要勇于打破传统，才能不断创新；在人生规划方面，要有合理的目标与规划，一步一个台阶，脚踏实地。

在与李少林谈话的过程中，可以感受到他身上实干的气质，他平和、务实，对自己有清楚的认知、有明确的规划，在仰望星空的同时，始终着眼于当下，做好每一件事。

道阻且长，行则将至。李少林正用自己坚实的脚步，为水利事业开拓出更广阔的天地。

◇ 本文发表于 2022 年 9 月 24 日长江水利网

◇ 作者：杨洋、郑雁林

李识海：旱塬无悔筑水梦

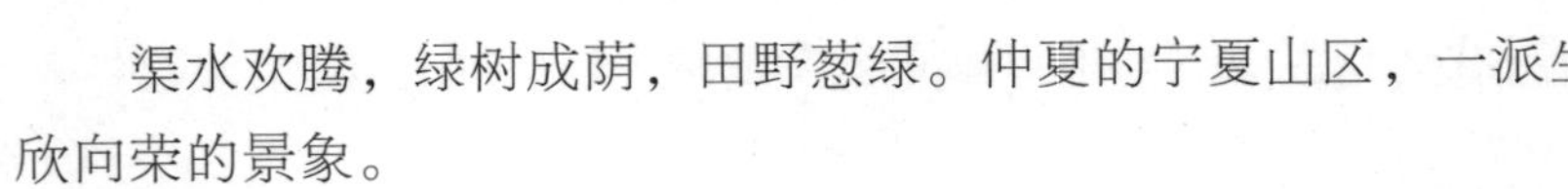

渠水欢腾，绿树成荫，田野葱绿。仲夏的宁夏山区，一派生态绿洲欣欣向荣的景象。

一座座水库和扬黄工程将黄河水引上旱塬，浇灌了这片原本极度干旱的土地。就算脱掉几层皮，也要把苦咸水变成甘甜水。如今，宁夏回族自治区水利厅原总工程师李识海用生命践行的心愿终于实现，西海固“喊叫水”的日子一去不复返，他用一生书写的扬水梦永筑在旱塬大地上。

“到祖国需要的地方去！”

最初，各科成绩优秀、总成绩排名全班第一的李识海毅然放弃北京工作的机会，毕业后主动要求到宁夏。他蜷缩在装满羊毛的军用卡车里，看到刚刚解放的塞上大地满目疮痍、百废待兴，感召着一颗年轻火热的心。

李识海（右二）在施工现场

在西北农学院学习期间，李识海义无反顾地跟随人民解放军西进。随后，他便全身心投入到改天换地的水利建设热潮中，先后组织引黄灌区唐徕渠、秦渠、汉渠、七星渠的改造，跃进渠、二农场渠及排水干沟的开挖，南部山区张家湾、石峡口等水库的兴建，与千百万群众一道战严寒斗酷暑，兴水利除水害。

1977 年，宁夏回族自治区党委决定开发固海扬黄灌区，建立长山头机械化农场。在“天上无飞鸟、地上不长草、风吹沙石跑”的戈壁滩上，李识海负责完成清水河西岸渠线改线测量任务，及时提供了翔实准确的规划设计前期资料。

李识海和广大水利建设者自力更生、艰苦奋斗，宁夏水利建设取得历史性成就。灌排体系基本完善，灌溉面积由1949年前不足160万亩迅速增加到600万亩。昔日破烂不堪的水利设施得以新生，满目疮痍的泽卤之地变成了欣欣向荣的塞上江南。

“只要党派我，再艰苦的地方我也要去!”

“天旱窖枯水断流，麻雀渴了喝柴油。”这是20世纪50年代宁夏山区的真实写照。

李识海在宁夏中部干旱带第一次下乡，吃到了人生中第一碗苦涩的咸水面，目睹了村民赶着毛驴去几十里外的沟里驮水、争水的场景。他说，他没想到老百姓这么可怜。他的心里比这碗咸水面还苦。

也就是从那一刻，他内心萌生了要让老百姓喝上黄河水的愿景!

1975年，在党中央和国务院的亲切关怀下，同心扬水工程率先开工建设。当时，机械设备少，地处西北的宁夏基本没有机械化施工，扬水工程建设全靠人拉肩扛。

临河而建的泉眼山泵站，是固海扬水工程的首级泵站，被称为固海扬水的“龙头”。岩石层泉眼数十处，每小时出水量达1700立方米，湍急的黄河水流最深处达7米，给施工带来了极大困难。担任总工程师的李识海坐镇指挥千人大军奋战9个昼夜，长242米、顶宽15米的草土围堰胜利合龙，成功堵截地下水，确保工程如期完工。

长山头渡槽横跨黄河一级支流清水河，地质条件十分复杂，单节槽壳重达70吨，吊装难度罕见。李识海集思广益，创新设计出跨距352米、吊高40米的大吨位缆索吊装工具，仅用一年时间就完成咽喉工程建设，工期缩短了一年零八个月，节约投资18万元。这一工艺不仅在宁夏水利施工史上属首创，至今在全国乃至世界上也是少有。

1986年9月，固海扬水工程竣工通水，滔滔黄河水爬升400米，润泽亘古荒原。

宁夏扬水工程的兴建，在千年旱塬上再造了300万亩生命绿洲，为百万群众提供了命脉支撑。

“党交给的任务一定完成！”

1980 年，李识海光荣加入了中国共产党，实现了多年来的愿望，这是他参加工作以来最愉快的日子。

当自治区把山区扬水工程提上日程表的时候，已年近五旬的李识海再一次主动向党组织请缨：“我是总工，也是党员，困难面前不能没有我。”

从水利工程处工务科副科长、水利工程队副队长、水利工程处副处长到自治区水利厅总工程师，从土办法“拔杆”到机械化吊装，从人背肩扛到机械拉运，从老百姓因缺水而困到水沁花开——他 40 多年本色不改、奋斗不懈。

数十年的辛勤付出，宁夏水利实现了跨越式发展：北部平原建成了近 600 万亩的引黄灌区，中部干旱带建成了近 300 万亩的扬黄灌区，南部黄土丘陵建成了近 80 万亩的库井灌区，灌溉、供水、防洪、水土保持等工程体系初步形成，数字治水让塞上水脉脱胎换骨、生机勃发，为黄河流域生态保护和高质量发展先行区建设提供了坚实的水利支撑。

自治区专业技术工作突出贡献奖、全自治区水利系统先进工作者、自治区文明先进个人以及“少数民族地区长期从事科技工作者”“全国水利电力系统劳动模范”——串串闪光的荣誉，映照出一名党员的初心不改、使命担当。

因为长期坚守在风沙肆虐的施工线上，李识海落下了严重的颈椎病。医生告诫他要抓紧治疗，可他顶着四肢麻木、瘫痪风险依旧奋战在岗位上，直到离休后，身体留下了行走困难的后遗症。

在医护人员眼里，他是一个“不近人情”的丈夫，因为爱人生孩子大出血病危时，正值二农场渠建设关键期，作为工地负责人的他只赶回去匆忙见了一面；唐徕渠西门桥决口，自家房屋倒塌，物件损毁，但他仍坚守在施工工地，拒绝了组织上安排的假期……

“作为一名党员，坚决服从组织分配。把宁夏水利建设起来，我应当这样做。”这是投身水利 70 载、96 岁的老党员李识海的坦荡心声。

◇ 本文发表于 2021 年 7 月 22 日《中国水利报》
◇ 作者：孟砚岷

李亚楠："水环境侦察兵"，守护北京美丽河湖

你观察过劳动者的双手吗？
或灵巧、或有力
或温暖、或厚实
在这些手的背后
承担着一份份责任
还有一份份希望

这双手，用"一人累"换来了"水质净"
这双手，用勤劳守卫密云水库的碧水蓝天
这双手，用奉献让我们都能喝上放心水
……
这双手的主人是
北京市密云水库管理处水环境监测分中心
水资源高级工程师
李亚楠

随着"咚"的一声响，取样桶被李亚楠缓缓地放入密云水库潮河一处采样点位。"取水工作的频次因季节和输水条件不同而有所变化，但每个月月初的取水是固定的。每年 5—10 月，取水频率将增加到每周一次。"李亚楠边说边将取样水体倒入专用桶中，然后麻利地将水分装到不同的白色取样瓶中，并逐一对样本的取样点位及具体水体层面进行标注。这些步骤对已经在北京市密云水库管理处水环境监测分中心工作 12 年的李亚楠来说，已经相当熟稔。

从“白衣天使”到水环境“侦察兵”

李亚楠曾是密云水库医院的一名医生，2010 年因机构改革，她来到密云水库管理处水环境监测分中心。“刚开始我连移液管都不会用，一切都是从头开始，一点点跟着师傅学。第一次水环境监测考核我没有考过，虽然当时有点失落，但现在回想起来，这点小挫折不算什么。”谈及过往李亚楠淡然地说。12 年间，李亚楠一路走来，不仅见证了密云水库水环境监测技术的不断进步，自己也完成了从“数据搬运工”到“水质分析师”的蜕变。在这 12 年中，李亚楠获得北京水利学会科学技术奖一等奖 2 次、三等奖 1 次，密云水库管理处技术比武第二名。这些优异成绩的取得和她多年的辛勤付出密不可分。

实干＋苦干终成骨干

2020 年，李亚楠加入了密云水库管理处与北京水科学技术研究院、中国科学院联合开展的“1＋3 导师制人才培养计划”。那段时间，她白天忙工作，晚上查阅各种专业文献，还要与小组其他成员筹备室外实验。“我们小组的第一次室外实验失败了，但我们并没有灰心，反而越挫越勇，认真寻找失败原因，修改实验方案……当第二次实验成功的那一刻，我激动得简直无法用语言形容。”李亚楠在聊到“1＋3 导师制人才培养计划”时，仍然难掩喜悦之情。对于李亚楠来说，这次人才培养计划不仅强化了她的数据分析能力，而且提高了李亚楠学术论文的撰写水平。近年来，李亚楠参与编写的水环境专业论文就有数十篇。

李亚楠进行水质检测

用科研数据守好水库“生命线”

2022 年，密云水库水环境监测项目已经增加到 44 项，监测断面 45

个。一天，李亚楠采集完最后一个潮河主坝，已是中午 12 点。经历完繁重的取水工作后，李亚楠没有休息片刻，而是迅速回到实验室，在水样的保存时限内限时分析，开始了水质化验实验，最后出具监测报告，这一整天的水环境监测任务才算真正完成。

这些年来，李亚楠把疲惫压在心底、委屈抛诸脑后，用兢兢业业换来每一份监测数据的真实有效，用默默无闻谱写着水环境监测人的敬业之歌，用无怨无悔诠释着年轻一代水环境监测铁军的风采，用实际行动为密云水库的环境管理提供了坚实有效的技术支撑。

◇ 本文发表于 2022 年 9 月 12 日《劳动午报》微信公众号
◇ 作者：佚名

李原园：以规划力量绘好水利高质量发展蓝图

第一次全国水利普查，全国水资源调查评价和水资源综合规划、全国防洪规划、国家水安全战略规划、国家水网建设规划……这些重大水利战略成果背后都有着同一个身影，他就是第十二届、第十三届全国政协委员，水利部水利水电规划设计总院副院长、正高级工程师李原园。

在中组部、中宣部等四部委联合公布的第六届全国杰出专业技术人才表彰中，在水利部于2021年年底公布的20名水利领军人才中，李原园作为我国水资源水生态学科发展领域的开拓者、规划技术体系的创建者以及技术政策体系革新的引领者，实至名归，获得殊荣。30多年来，他组织的每一次重大调查、编制的每一项战略规划、指导的每一次重大研究，都在推动水利改革发展中留下了浓墨重彩的篇章。

水资源规划势在必行

毕业于成都科技大学水文水资源专业的李原园对水资源研究感情深厚，“从参加工作开始，水资源领域的研究几乎贯穿了我全部职业生涯。”

1998年11月，李原园被调至水利部水利水电规划设计总院规划处，自此与国家水利规划结下不解之缘。

全国防洪规划是李原园牵头编制的第一部重大规划。1998年长江、松花江等江河发生流域性大洪水之后，我国大江大河防洪减灾体系不完善的短板日趋突显。当时，根据水情、工情及地区经济发展要求，李原园带领团队深入调查研究，组织七大流域机构认真摸清各流域问题情况，提出了防洪新理念、新策略。

在2002年启动的全国水资源调查评价和水资源综合规划工作中，作为技术负责人的李原园，带领团队夜以继日，会同各流域机构和有关单位，科学准确分析了我国国情水情，系统提出了我国水资源开发利用的总体方略。2010 年，规划由国务院批复，成为我国水资源开发、利用、节约、保护和管理的重要依据，并由此建立起最严格水资源管理制度，成为现在我国水资源管理工作的核心抓手之一。

李原园与中国工程院专家开展技术研讨
（水电水利规划设计总院供图）

秉持科学态度，心怀国之大者。从事规划工作近 20 年来，李原园牵头编制的水利重大规划数不胜数。他把每一次重大规划的编制都当成一次全新的挑战，在为水利改革发展提供重要技术支撑的同时还带动了一批水利人才和技术骨干的成长，更形成了具有中国特色的水利规划编制技术队伍。

统筹国家水网顶层设计

随着李原园在水资源领域逐步走向领军地位，他再度成为技术负责人，在一项提升国家水安全保障能力的顶层设计工作中担当重任。

在 2021 年发布的《中华人民共和国国民经济和社会发展第十四个五年规划和 2035 年远景目标纲要》中，党中央对国家水网骨干工程建设作出了安排部署；2021 年 5 月 14 日，习近平总书记在推进南水北调后续工程高质量发展座谈会上明确提出，加快构建国家水网……国家水网惠及千秋，意义重大。

“国家水网建设不仅涉及亿万人民的水资源配置，更决定了未来一阶段时期内国民经济有序增长的水安全保障，对于它的研究做得再深再广也不为过。”自 2020 年年初开始，国家水网规划与构建就已着手筹备，李原园组织开展相关研究，他坦言倍感压力。

整理分析全国自然地理、河流水系、经济社会、生态环境、水利工程……两年来，李原园白天处理工作，晚上组织开展国家水网的讨论研究。在听取流域机构、省（自治区）、相关领域专家意见建议后，李原园就带队进行典型地区调研查勘。以办公室、会议室为家，以数据为伴，高强度工作成了他每天的常态，而自己的爱人、孩子却无暇顾及。

针对新发展阶段的形势任务，李原园带领团队开展流域区域水安全状况评价，分析水资源供给、水生态环境保护、水灾害防治等方面的水网建设需求，各项工作有条不紊地进行。

“通过开展国家水网研究，可统筹解决水资源、水生态、水环境、水灾害问题，完善水利基础设施网络体系，不仅有利于推动水利行业高质量发展，更是提升行业相关领域科技创新能力和核心竞争力的重要抓手。”李原园说。

世界舞台大展英姿

多年来，李原园任技术负责人主持 20 余项全国性重大资源环境基础调查评价，主持 30 余项全国性重大水利规划以及多项全国性重大水治理与重大工程建设方案制定……不仅在国内，他的眼光更是锚定全局，聚焦世界。

2021 年，李原园成功竞选全球水资源领域最具影响力的学术团体之一——国际水资源学会 2022—2024 年主席。对于中国面孔逐步走向世界水治理舞台中央，李原园倍感自豪的同时也表示，这对提升我国作为发展中国家在水资源开发和管理领域的发言权、代表性以及话语生产力和国际传播力具有非常积极的作用。

从 2005 年始，李原园的脚步不仅到达了韩国、泰国等亚洲国家的亚太水峰会等会议，俄罗斯、美国等欧洲、北美洲国家的世界水资源大会等国际涉水会议上也从不缺少这张中国面孔。全球新冠肺炎疫情发生后，为了方便和国外专家学者交流研讨，李原园经常晚上组织线上讨论会，和世界各大洲水资源领域专家学者共谋全球水资源发展蓝图，会议一开就到深夜。

“我们不仅要在国际舞台上讲好中国水故事，更要发出权威的、有力的中国水声音，为世界水发展作出中国贡献。”这是李原园作为全国杰出专业技术人才的奋斗愿景。

◇ 本文发表于 2022 年 1 月 13 日《中国水利报》
◇ 作者：陈思杰

林秀山：大河之治始于安澜

“谷峡风劲吹发白，山高石硬炼骨坚”，这是林秀山在小浪底水利枢纽竣工验收会上与大家分享的原创诗句。短短两句诗，流露出他对小浪底深深的感情。

从清华大学水工结构与水电站建筑专业毕业，到从事与黄河有关的水利水电工程规划设计、解决水利科技难题，原黄河水利委员会勘测规划设计研究院副院长兼小浪底工程设计分院院长、小浪底水利枢纽设计总工程师的林秀山，为保护治理“母亲河”倾注了半生的心血。

黄河筑梦人

黄河宁，天下平。历史上，黄河流域自然灾害频发，尤其是水害严重，曾给沿岸百姓带来深重灾难。1955 年，《关于根治黄河水害和开发黄河水利的综合规划的决议》经全国第一届人大二次会议审议通过，开启了黄河流域综合治理的崭新篇章。

林秀山自幼家住汾河边，亲历过洪水肆虐，读书时就立志投身水利事业。当根治黄河水旱灾害的宏伟治理规划蓝图出台后，高考时他更加坚定了选报水利专业的决心，并成功被清华大学水利系录取。

林秀山（左三）与国外工程技术人员探讨工程问题

毕业后，林秀山如愿开启了保护治理黄河的职业生涯。从在金堤河管理局见证“63·8”大洪水到在水利部黄河水利委员会总工室从事技术情报工作，从黄河中游规划担任淤地坝组组长到天桥水电站负责灌区规划，从故县水库建设到出国深造……他历经水工、水文、水能、水机、采暖通风等众多领域，并参加改造芬兰水轮机模型性能测试，在前辈的指导下负责天桥水电站的水文水能分析等。这些工作经历不仅拓宽了他的知识面和视野，更为他日后肩负重任打下了坚实基础。

黄河守护人

小浪底水利枢纽工程以其在治黄中重要的战略地位、独特的泥沙条件、复杂的地质条件和严苛的水库运用方式，被国内外专家公认为世界坝工史上最具挑战性的工程之一。1987 年，林秀山接下小浪底水利枢纽工程设计总工程师的重任，他率领团队刻苦攻关、精心设计，向小浪底挑战性难题发起了总攻。

在无经验可借鉴的情况下，林秀山率领团队在近万张图纸绘制及论证工作的基础上，成功解决了工程泥沙淤堵、流道磨蚀、高含沙水流消能、深覆盖层处理、集中布置洞室的围岩稳定、进出口高边坡稳定、水电站汛期浑水发电等一系列高难度问题，组织完成了重大技术攻关 400 余项，创造了多项世界纪录。

1997 年工程截流之际，林秀山因劳累过度，第五腰椎严重滑脱，需要尽早手术。可他却说："我将近 60 岁的人，脊椎骨脱了没什么，如果工程关键部位滑脱了，我无法向党和国家交代。"于是，他穿起特制的钢腰围，继续在工地上奔忙。

谈起设计，林秀山总是用"责任重于泰山，心境如履薄冰"来形容。他要求设计工作者对设计中的每个问题、图纸上的每个符号，都要严谨求实、精益求精，既要追求世界一流设计，又要从中国国情与实际出发，在保证科学、合理、安全可靠的情况下，为国家和人民节约每一分钱。

小浪底工程以其独特的枢纽建筑物总布置，水利水电建设史上绝无仅有的巨大洞室群和进水塔群，首创的孔板消能泄洪洞、无黏结预应力排沙洞，当时国内最高、体积最大的堆石坝及最深厚的混凝土防渗墙等，创造了许多国内国际领先水平的成果，获得了一系列奖项，如第十四届全国优秀工程勘察设计奖金奖、中国水利工程优质（大禹）奖、中国土木工程詹天佑奖、中国建筑工程鲁班奖、国际大坝委员会授予的"堆石坝里程碑工程"、新中国成立 60 周年"百项经典暨精品工程"等。世界银行行长更是称赞小浪底水利枢纽 20 万移民的生产性安置是世行项目的样板。

自 2001 年建成以来，小浪底水利枢纽像一颗璀璨的明珠镶嵌在中原大地上，工程发挥了重要的防洪效益、经济效益和生态效益，为国民经济和社会发展作出了巨大贡献。在小浪底工程设计施工中，因采用以林秀山牵头完成的科研成果，为国家节约投资约 7 亿元，他以事必躬亲的行动和勇挑重担的精神完美诠释了“最美黄河守护人”的铮铮誓言。

黄河传承人

2001 年 8 月，林秀山光荣退休，他离岗不离心，依然心系小浪底，心系水利事业。小浪底工程建成后，他又亲自组织一批从小浪底工程摸爬滚打出来的技术骨干，有条不紊地开展工程运行分析、规程编制、科研成果汇编、工程资料归档等相关工作，积极为小浪底工程竣工验收创造良好条件。

总结、推广小浪底工程规划设计方面的成功经验，开展工程技术总结和相关专题研究工作……在一系列工作有序推进中，林秀山组织编写了 10 卷本约 700 万字的《黄河小浪底水利枢纽规划设计丛书》，对小浪底工程的设计和运行进行了深入详尽的论述，使其成为对水利水电工程规划设计具有很强指导意义与学术价值的系列著作。

退休后，林秀山接受原单位返聘，作为中国国际工程咨询有限公司、北京中水新华国际工程咨询有限公司、南水北调稽察专家以及黄委科学技术委员会委员、黄河水文勘测设计院咨询委副主任等，先后参与了越南门达水库、厄瓜多尔科卡科多-辛克雷水电站、印度尼西亚佳蒂格德大坝等近百个水利水电工程项目评估审查以及几十项大中型水利水电工程设计方案审查和关键技术问题咨询。他非常关注年轻人的成长，曾组织举办清华大学工程硕士班，把自己几十年来积累的治黄工作经验毫无保留地传授给年轻人，培养了一大批青年技术骨干。

2021 年，黄河秋汛形势严峻，满头银发的林秀山第一时间奔赴防汛一线，倾囊相授防汛除险经验。“最美”的身影至今仍奋战在保护治理黄河一线，他就像一面旗帜飘扬在黄河岸边，飘扬在每一位水利人的心中。

◇ 本文发表于 2022 年 4 月 28 日《中国水利报》

◇ 作者：陈思杰、魏晓雯

刘岸松：在脱贫攻坚战线上积极发挥水利人的光和热

2年前，他毅然来到重庆市18个深度贫困乡镇之一的丰都县三建乡驻乡工作队开展扶贫工作。在扶贫一线摸爬滚打、攻坚克难，始终把农村安全饮水放在心头，把基础水利设施建设作为扶贫重要抓手，有序推进水利扶贫，担当发挥好水利前哨桥头堡的作用。他就是重庆市河道事务中心技术科科长刘岸松。

为河道健康保驾护航，为脱贫攻坚勇往直前

刘岸松2006年进入水利系统工作。十多年来，他高质量完成了涉河建设项目治导线施放和审核56个，涉河建设项目复核103个，编制了全市水资源水功能区划修编报告，指导编制了一系列河道调查评价报告，主持和参与了全市河道划界工作，编制了重庆市河流健康评估项目等一系列规程规范。他不但为河道管理工作提供了可靠的技术支撑，还不畏艰险为河道健康保驾护航。

2018年6月，刘岸松从主城往巫山方向巡江监查违法采砂行为，途遇10级以上大风暴雨，船险些翻覆，与风浪搏斗了1个多小时后，才惊险靠岸。他没有退缩，风浪平静后，接续沿江巡查，有力地震慑了违法采砂行为，圆满完成了任务。

工作中的刘岸松

2018年9月，刘岸松毅然来到全市18个深度贫困乡镇之一的丰都县三建乡驻乡工作队开展扶贫工作。驻乡期间，他考虑到三建乡水资源

较为缺乏，季节性缺水尤其突出，作为扶贫一线水利人，他始终把农村安全饮水放在心头，刚来三建乡就顶着酷暑走遍了 8 个村社、4 个水厂、123 口山坪塘和水池，精准调研掌握了三建乡的水利现状。

刘岸松刚去三建乡的时候，正值夏秋相交，9 月的气温酷热难当。当时因为水电基础设施还未完善，宿舍停电停水是常事，有时候一停就是好几天。刘岸松的宿舍住在 5 楼，每遇停水就只能自己提水上楼，停电也只能自己想办法克服。

在驻乡艰苦条件下，发挥水利人的最大功效

驻乡期间，进山巡查时被毒虫叮咬是常事，最严重的时候刘岸松的脚上到处是鸡蛋大的毒疮，里面都是黄水。医生和家人都劝他在家静养，他说："脱贫攻坚就是在打仗，我不能丢下自己的战友。"

针对发现的水利建设短板弱项，刘岸松积极联络协调县水务局、三建乡党委政府、水利工程施工单位、监理单位等部门，力争把发现的问题整改落实在第一时间、第一线，督促相关责任单位即知即改，立行立改。

刘岸松通过挂图作战的方式，实时收集并绘制水利等各项扶贫工程进度表，将大量繁杂无序的工程进度具象化、清晰化，通过图表每周定期梳理进度迟缓的工程并对施工单位进行通报，确保工程建设不窝工。他每周还对在建工程开展至少 2 次巡查，有些工程路险地偏道远，他不畏艰苦步行前往，有时候一走就是半天时间。通过实地监管，杜绝了工程建设情况虚报瞒报，确保了在建工程严格按照设计标准施工，保证已建工程安全稳定运行。

刘岸松（左）给同事们作讲解

此外，刘岸松还积极联系丰都县人民政府，协调市局，为三建乡水系配套工程提档升级争取到了市级专项资金，为彻底根治三建乡 1.8 万亩扶贫产业的灌溉问题打下了坚实的基础。

不同的战线，一样的脱贫攻坚决心

除了做好水利方面的工作外，刘岸松还勇于担当，很好地完成了驻乡工作队的其他各项工作。

2017 年成立驻乡工作队以来，各类收文发文多达千余份没有归档。刘岸松分年度按照市级、县级、乡级、村级逐一细化、分门别类，规范了档案管理工作。

刘岸松每月负责组织 8 个驻村工作队召开驻乡工作例会 10 余期，并由他全程做会议笔录，记录文字达 3 万余字。工作例会后，他会及时梳理各驻村工作队反馈的问题并形成台账，工作队工作期间共梳理问题台账 254 条，督促各责任单位整改销号 198 条，有力保障了脱贫攻坚的顺利进行。

此外，刘岸松还积极投入到三建乡电商扶贫消费平台的发展中。他作为驻乡工作队电商联系人和“拾味鲜”消费平台积极对接，让电商扶贫消费平台在三建乡落地生根，极大解决了农产品销售难的问题。同时，他积极协调市人大办公厅扶贫集团各个成员单位，加大对三建乡农产品的采买力度，圆满完成了 50 万元年度电商消费目标任务。

2019 年 10 月，刘岸松从三建乡驻乡回来后，立即又被借调至市扶贫开发办公室继续开展脱贫攻坚工作。在新的工作岗位，他深入基层督查调研扶贫信访案件 10 余起，暗访督导 20 余个区县，积极参与做好中央脱贫攻坚专项巡视“回头看”及国家脱贫攻坚成效考核相关配合工作，作为市级联络员做好区县脱贫攻坚成效考核相关工作，为脱贫攻坚“百日大会战”“收官大决战”等全市重大脱贫攻坚工作方案拟订了草案。2020 年元月，市扶贫办为表彰刘岸松为全市脱贫攻坚工作作出的积极贡献，特致信市水利局以示感谢。

◇ 本文发表于 2021 年 2 月 4 日华龙网

◇ 作者：伊永军

刘宏健：高级工程师下基层　她挑起了长寿的水利“重担”

“刘姐，这个项目你帮忙看看，我有点没头绪。”重庆市长寿区水务投资建设管理服务中心，同事在工作上遇到了难题第一个想到的一定是刘宏健。

已经 50 多岁的刘宏健，曾是湖南湘西水利行业的知名专家。2009 年，刘宏健随丈夫工作调动，从地区行业主管单位扎根重庆区县基层单位工作，到重庆市长寿区水务局（现水利局）从事水利项目建设主管方面的工作。在全局专业技术人才严重匮乏的情况下，作为一名水利高级工程师，她扛起全区水利工程项目建设和运行维护的责任，以饱满的热情投入到重庆市长寿区的水利建设事业中。

身份大转变，她没有“水土不服”

“当时快 40 岁了，换了城市肯定多少有些不适应。”2009 年初，刘宏健到长寿区水务局水建科报到，由于她不通重庆方言，很少有同事与她交流。

刘宏健（左一）检查工程施工安全

一个月过后，科室同事们都忙得不可开交。“有一天早上，科室领导就说给我一份文件，让我尝试学着做。”

接到任务后，刘宏健立马行动起来，第二天就把相关材料交给了科室负责人。“当时领导看到我做的材料，他非常震惊，没想到我会做专业的东西。”刘宏健说，那些都是基础工作，她都会做。就这样科室只要有新项目，刘宏健便成了首选负责人，她渐渐成了同事们公认的专家。

"我刚到水建科，农村饮水安全项目几乎没有任何技术档案资料和工程信息台账，很难查阅已建项目的技术信息。"刚上任，刘宏健就给全区农村饮水安全项目完善身份信息，对所有已建农村饮水安全项目进行认真梳理后，建立了长寿区农村人饮工程信息系统，"将每个项目的投资时间、投资规模、实施进度等信息列入台账明细，为每个工程项目建立了信息档案，为工程验收评审奠定了基础。"

后来，刘宏健还进一步规范了长寿区水利工程实行行政审批制度，建立项目建设程序机制，对每个水利项目实行前期工作审批、监督项目招投标程序、施工过程实施技术指导、完善项目审计验收等一整套规范的项目建设管理流程，并长期担任专家审查小组组长，严格把好每个项目审批关口，守好工程建设质量第一关。

开展电站增效扩容，拯救濒临破产电站

2011 年，全国开展水电站增效扩容试点工作。20 世纪 70 年代建成的水碾电站作为长寿区水务局下属国有企业，因为设备陈旧老化，每年实际发电量已不到设计量的 50%，经营效益逐年下滑导致员工流失了近三分之二，还欠下 800 多万银行贷款，电站濒临破产。

刘宏健（左三）与同事检查田间计量设施

为了让水碾电站起死回生，刘宏健积极推动水碾电站增效扩容试点工作，向上级争取补助资金 713 万元。考虑到电站无法拿出足够的配套资金，施工前，刘宏健组织电站技术人员配合设计单位进行施工图设计优化，尽量减少不必要支出，并带领电站的技术人员多方面考察设备制造厂家，最终实现节省工程投资、保证工程质量、提高工程经济效益的目的，为企业节省资金，成功将总投资 1144.50 万元的改造成本降低到 768 万元。

在水碾电站的改造过程中，刘宏健坚持规范的招投标流程，使该电站在全市 400 多个增效扩容试点电站中第一个完成竣工验收，顺利完成增效

扩容任务，所有验收工作一次性过关。水碾电站增效扩容极大地遏制了水资源浪费，增加年发电量 335 万千瓦时，年增加发电收入约 90 万元，极大提高了电站效益，顺利让电站扭亏为盈。

组织实施集中供水工程，扭转“打井饮泉”局面

2009 年以前，长寿区所有水利项目均由乡镇组织实施，由于技术力量不足等客观原因，农村饮水安全项目建设普遍采取以打井或引泉的方式，建成的人饮供水工程普遍零星分散，没有持久性，水质水量都得不到保证，无法从根本上解决饮水安全问题。

2010 年以后，刘宏健率先提出建设集中式供水工程，再利用管网延伸，保证一个镇有一个“千吨万人”集中式水厂。

刘宏健（右）开展灌区现场测算工作

刘宏健的建设理念得到了长寿区水利局的重视，成功扭转了长寿区农村饮水安全工程的建设方向。在她的技术指导下，零散的水利工程资金被集中起来建集中式标准化水厂。长寿区先后在龙河镇、云集镇、双龙镇建起三座水厂，并以已建水厂为中心向周边行政村延伸管网，成功解决了全区 55 万农村人口的饮水安全问题。

2014 年以后，刘宏健从区水务局来到区水务建管中心工作，为解决长寿新城区的用水问题，提高水利部门集中式供水工程的经济效益，她把供水工作重心转移到城区供水上，逐步大胆推进“以农村包围城市”的供水理念，积极推动长寿湖镇供水工程及八颗水厂的建设，为实现城乡供水一体化作出了很大贡献。

培养业务技术骨干，带出了 5 位高级工程师

2014 年初，长寿区水务投资建设管理服务中心及长寿区水利开发建设投资有限公司正式成立。刘宏健在 5 年多的时间里，1 人勇担工程建设科、运行维护科 2 个重要科室科长职务。

此外，为了帮助单位年轻人成长，刘宏健常年组织新进水厂水库的刚毕业大学生进行专业知识学习，并抽调他们到办公室做工程建设及运行管理工作，以迅速提升他们的业务水平，提升专业素质。

在刘宏健的严厉要求和悉心培养下，建管中心不仅顺利完成了长寿区重大水利项目建设任务，还成功将一大批年轻毕业生培养成熟练的水利行业技术骨干，为长寿区水利行业人才储备作出了贡献。她所在的科室成为长寿区水利局的人才培养基地，先后培养出高级工程师 5 名、工程师 13 名。

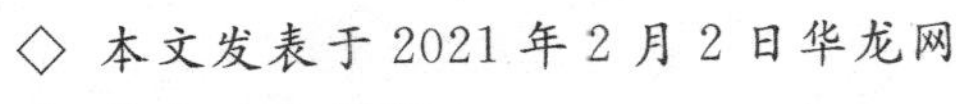

◇ 本文发表于2021年2月2日华龙网

◇ 作者：冉长军

刘劲梅：守护江河的“眼睛”　本可退休的她要再干几年

2020 年 10 月，刘劲梅原本可以正式退休，她选择继续在这个平凡的岗位上再干几年。

在水文站工作，虽然平凡单调，但刘劲梅说，能为守护江河担当“眼睛”，她很自豪。

刘劲梅是重庆市水文监测总站五岔水文站站长，她 1984 年从事水文工作，1985 年来到五岔水文站，除中间 3 年因工作调动到其他水文站外，已守护綦河 32 年。

把水文站当家，她还要再干几年

2020 年 12 月 8 日，阳光正好，綦江河水清澈见底。

位于江津区贾嗣镇綦河边的五岔水文站，是綦江流域控制站、国家一级水文站和中央报汛站，建立于 1938 年。

这一天，刘劲梅起了个大早，沿着綦江河边观测点走了个来回，8 点钟穿上救生衣，来到了河边记录当日水位情况。

“每天早 8 点和晚 8 点，都要看看水位上涨和下降情况，要随时掌握相关数据，如果变化太大就要给上级部门上报，哪怕不是汛期这项工作也不能马虎。”刘劲梅说。

白天观测，冬日里的深夜还要划着小测船到断面测流量，刺骨的河风冷得人直打哆嗦，测流量时，手都冻得失去了知觉。

五岔水文站依山而建，进行一次测量，需要横穿一条公路，再走 100 级台阶。夏季穿着救生衣，走一个来回满身是汗。“在站里工作 20 多年，经过风吹日晒，爬坡上坎，身体也特别好，很少感冒。”刘劲梅笑着说。

在五岔水文站，刘劲梅把办公室的房前屋后都收拾得干净整洁，各种

刘劲梅检查提放绳上的信号线

绿植把整个水文站装扮得格外美。“水文站一般都是在较为偏僻的地方，条件有限，业余时间我就把种植花花草草当成自己的爱好，把这里当了自己大半个家。”

2020 年 10 月，刘劲梅过了 55 岁生日，这也意味着她到了退休年龄。然而她却选择再干几年，常年以来，刘劲梅习惯了这种安静的生活。水文监测、空闲的时候打理花花草草，已经成了生活的一部分。“空闲时间做点自己喜欢的事情也是享受晚年生活，感觉更有成就感。”

十八年如一日，完整监测水位最值

踏实认真是刘劲梅给人留下的最深刻的印象。她在五岔水文站任站长的 18 年里，没有漏测一次最低水位和最高水位。

刘劲梅说，每次洪峰，她都将上游站洪峰时间、洪峰水位与本站的洪峰时间和洪峰水位作比较，哪级水位洪峰到达本站需要多长时间，上游涨多少米，本站又涨多少米，日积月累，她摸清了綦江的特性。

“2009 年 8 月 5 日，五岔站发生超保证水位两米多的洪水，当时高水只能用高架浮标，高架浮标虽然使用起来简单，但制作工序很复杂，会用到浓硫酸等危险用品，所以制作和使用时都必须很小心。”刘劲梅说。

每次测流完毕，全站人员都没有休息时间，还要继续准备下次测流所需的夜明浮标，直到天亮。

2020 年 6 月 22 日 10 时，江津区綦江五岔水文站洪水橙色预警发布。11 时 50 分，市水文总站将五岔水文站洪水橙色预警升级为綦江流域重庆段全线洪水红色预警，预计綦江流域重庆段未来 8 小时内将出现超历史洪水，江津区綦江五岔水文站最高水位将超过保证水位（200.51 米）5.7～6.3 米，涨幅为 10～11 米。这是重庆历史上发布的首个洪水红色预警，也是五岔水文站迎来建站以来最大洪水。

面对超历史洪水，刘劲梅不断向上级上报实时水位和流量。她说：“水文站早一点把洪水的信息报出去，沿途的政府和百姓就能多一点处置的时间!”6 月 22 日上午，8 名增援人员赶到，向他们汇报完监测情况后，她又主动承担起比降观测的工作。

水位上涨得太快，他们半小时就要测流一次。测一次流需要 4 个人分工合作，至少 20 分钟。由于奔涌的洪水带来了树枝、塑料袋等漂浮物，时不时会挂住水文缆道上的铅鱼，缠住流速仪的桨叶。这时，大家冒着被洪水冲走的危险，将铅鱼拉回岸边，一点点清理干净后继续测流。

测流量、测沙、观测比降、观测水位……10 个人分工协作，水文数据收集工作井井有条。当日早 8 点至晚 8 点，水位上涨了 9.66 米，超保证水位 5.34 米，刘劲梅与同事一起准确记录了此次洪水过境的全过程，连续工作 36 小时，接打上百个电话。

刘劲梅查看浮子式水位计实时监测数据

2020 年，五岔水文站经历了 5 场大水，其中 2 场超保证水位洪水，3 场超警戒水位洪水，刘劲梅与同事不分昼夜，坚守在抢测洪水的第一线，完整地收集到了全部水文资料。

从业 37 年，零事故零漏发

“在水文监测站工作，耐得住寂寞，守得住孤独，这也是一种成就。”刘劲梅说。

儿子很小的时候，刘劲梅住在离站两千米的镇上，遇到孩子爸爸出差，而夜里又涨水时，只能将孩子锁在家里，测完流后，再回家照看孩子。

刘劲梅母亲退休后，为了让自己全身心投入工作，她忍痛将 6 岁的儿子送到母亲身边上学，从此，刘劲梅母子俩就过上了聚少离多的生活。由于测站工作性质的特殊性，一年之中，刘劲梅与父母团聚的日子屈指可数。

2010 年，刘劲梅的父亲因病入院，住院时间一次比一次长，病情一次比一次严重。

2011 年春节，刘劲梅回家过年，大年初二一早，父亲病情加重，她与弟弟、母亲送父亲到医院后，立即又从万州返回江津，回到自己的岗位上。大年十五父亲去世时，她依然在工作岗位上。

从事水文工作的三十多年里，刘劲梅所驻守的水文站没有发生过一次安全事故，她没有放掉一次洪峰，更没有漏发一次水情报文。“这便是我这三十多年最大的成就。”

◇ 本文发表于2021年1月24日华龙网

◇ 作者：冉长军

刘月林、刘国良、刘保军：母亲河的情缘　跨世纪的眷恋

黄河被誉为中华儿女的“母亲河”，她象征着中华民族团结奋进、自强不息的坚强意志和不畏艰险、百折不挠的奋斗精神。但黄河也是一条桀骜不驯、多灾多难的河流，黄河流域水土流失严重，水患频繁，自古至今，中华民族同黄河水旱灾害的斗争从未停止过。

在黄河上游水文工作者队伍中，有一家爷孙三代，扎根黄河岸边，为了“黄河宁、天下平”的治河目标和“让黄河成为造福人民的幸福河”的美好愿景，吃苦耐劳，无私奉献，接续传递守护母亲河的接力棒，用实际行动践行了对党和水文事业的无限忠诚。

爷爷刘月林说“到祖国最需要的地方去”

靖远县位于距兰州市 80 千米的黄河岸边。黄河从险峻的乌金峡谷奔涌而出，到了这片广阔的平滩，突然变得舒缓平静。峡谷入口前有一条测船和两间观测房，乌金峡水位站就坐落在这里。

刘月林 1945 年参加革命，1950 年加入中国共产党，参加过东北、华北的解放战争和抗美援朝战争，曾获小功两次、大功两次。1955 年复原后，他由北京市通县（现通州区）转业建设委员会介绍到水利部并被分配到北京设计院西安分院地质勘探 104 队任支部副书记。1957 年 11 月，他在外出差之时遭人编造假材料诬陷，被打成“右派”，直到 1961 年 7 月才获得平反。

刘月林平反后任西安分院 104 队党团工干事兼人事保卫干事，一切生活逐渐步入正常。此时他有了新的想法：“党有恩于我，我要用实际行动报答她，我要去更艰苦、更偏远的地方奉献自己的满腔热血。”1963 年 2 月，他向组织申请调至艰苦地区、艰苦岗位去工作。同年 4 月，刘月林举

家迁往甘肃省靖远县的乌金峡水位站去工作。这一选择，让他世世代代与黄河结下了情缘。从此以后，他在乌金峡静静地守着这条热爱的大河，日复一日，以实际行动践行着一名共产党员的信仰和初心。

父亲刘国良说“分内之事，应尽之责”

1976 年 4 月，20 岁的刘国良在上诠水文站参加工作，之后调到吉迈水文站，1982 年 10 月又调到军功水文站工作。

军功水文站位于青海省果洛藏族自治州玛沁县拉加镇，海拔 3100 多米。高寒缺氧、风沙弥漫、一年四季强烈的紫外线辐射，构成了这里十分恶劣的自然环境。

20 世纪 80 年代，军功水文站还未通电，却是当地为数不多既有发电机又有电视机的单位。喜欢热闹的刘国良非常好客，每到晚上，当地百姓和他的朋友们就端着茶杯围满了水文站的屋子，一边看着 17 英寸的电视机，一边东拉西扯地侃大山，热闹非凡。那时几乎家家都有台收音机，但小镇上没有一家修理店，好多人的收音机坏了就只能去买新的。闲暇之余，刘国良自费购买了修理电器的书籍，先从拆自己的收音机开始练手，慢慢地学会了修理收音机、录音机和电视机等多种电器，后来他就走街串巷去帮别人修理电器，只收取更换零件的材料费，不收取一分钱手工费，圆了他无私助人的梦想。时间久了镇上的人们都熟悉了他，军功水文站的人气更旺了。

20 世纪 90 年代，刘国良放弃了调去兰州工作的机会。当时兰州水文总站（现上游水文局）会驾驶冲锋舟的人少，领导想调他去兰州开冲锋舟，他乍听之下欣喜万分，随后又犹豫了。虽然能去大城市工作是很多人梦寐以求的想法，可他的妻子自幼在这里长大，又在当地小学当老师，要走她就得放下工作或者面临两地分居。妻子让他自己选择，左右为难的刘国良考虑再三，还是决定留在军功水文站，这一决定，让他把最美好的青春年华都奉献在了这里，直到 2016 年退休，他在军功水文站整整工作了 34 年。

2000 年初，军功水文站只有刘国良、于建军和张九斤 3 名职工，站上观测项目齐全，工作任务繁重。作为站长，刘国良事事以身作则，每次遇到上吊箱、吊船设施除锈保养之类的危险活儿都是亲自去干，从来不让于建军和张九斤去，他总是说“这活儿太危险，我有经验，让我来吧”。

在军功水文站工作期间，从团结职工、水文测报、测站建设、综合管理到协调与当地政府、村民的关系，每个环节刘国良都做到了细致入微。1990 年 5 月，因工作业绩突出，他被上级任命为军功水文站站长。1996 年 6 月，刘国良光荣地加入中国共产党。自入党以来，他曾连续 3 年被评为青海省水利系统优秀共产党员，曾先后获得黄委水文局、黄委上游水文局、青海省水文局等单位授予的数十项表彰。

退休后，刘国良还资助了一名贫困学生上大学。虽然身体状况欠佳，但他仍然时常询问水文站的情况，说自己在水文站一辈子，难以割舍对单位的特殊情谊。

面对他人的赞扬和肯定，刘国良总会淡然一笑说："这都是分内的事，谁让我是党员呢。"

儿子刘保军说"守河有责、守河尽责"

父亲勤恳踏实的工作作风，深深地影响着刘保军。作为久治、门堂两个水文站的负责人，长期的高原生活，让他的皮肤黝黑透红，从军的经历磨炼出他强健的体魄，也锻就了他开朗、豪爽的性格，工作行事雷厉风行。

对于水文站的工作环境，小时候就在测站出生长大的他再熟悉不过。从部队退伍后，他服从组织安排，到海拔 4200 多米的黄河源头玛多水文站工作，6 年之后调到贵德水文站。2018 年，他主动请缨，从条件较好的贵德水文站调往久治水文站工作，上级决定由他全面负责久治、门堂两站的工作。

第三代黄河水文人——刘保军

谈起初到久治水文站，刘保军感慨良多："收到调令后的第二天，我就拿着行李出发了，刚到时，这儿的条件比我想象中要艰苦很多，一座二层小楼，杂草丛生，办公室没有一台像样的办公设备，职工宿舍简陋破损，墙壁裂缝，屋顶还漏水，下辖门堂站的条件更是艰苦，无电可用，两站又相距 80 千米，工作极其不便。说实话，当时我有点儿灰心。”可短暂的气馁过后，他还是重拾信心。到站的第二天，他就找来工人，对职工宿舍进行粉刷和修葺，让大家能在舒心的工作环境里安心工作。

在3年多的工作中，刘保军忙碌的身影日复一日，从无间断。在他全力以赴的带领下，久治、门堂两个水文站的综合条件得到了极大改善。

久治、门堂两个水文站共有10名职工，全站平均年龄为31岁，是黄河源区最“年轻”的站。刘保军明确了人员职责分工，做到财务公开、站务公开，最大限度地激发了一众年轻人的工作热情。

门堂水文站受条件制约，几十年来一直不通电，各级领导多次走访并看望水文站职工，却无力从根本上解决问题。2019年，刘保军得知门堂乡要架设电力设施的好消息之后，多次与地方政府沟通接洽，2020年元月，门堂水文站正式通电，解决了困扰该站多年的用电难题，为应用先进测验设备、推进水文现代化进程奠定了基础。

2020年，新型冠状病毒突如其来，在疫情发生后不久，久治县的脱贫攻坚工作也即将面临省级评估验收。抗击疫情和脱贫攻坚成为久治县同时面对的两大重点工作。知悉情况后，刘保军及时委派职工刘斌和蒲忠诚参与县脱贫攻坚省级验收工作。在得知防疫执勤点面临无煤可用的情况后，久治水文站将3吨多自用煤炭无偿赠予防疫执勤点和医院，缓解了检疫站点和医院的燃“煤”之急。驻地政府及相关单位对久治水文站积极参与地方发展建设、长期为少数民族地区防汛减灾和水生态文明建设提供优质服务和支持的行为给予高度赞赏。

门堂水文站设站之初，断面两岸荒无人烟，2013年，有一家藏族牧民自行选址到左岸居住，自此时常阻挠和拒绝门堂站工作人员上岸正常工作。疫情发生后，刘保军抓住非常好的沟通契机，多次前去看望慰问，晓之以理，动之以情，耐心给他们讲解水文工作的重要性和相关法律法规，经过由浅及深的接触交流，该户牧民深受感动，沉积多年的矛盾纠纷圆满化解。

刘保军是家中第三代黄河水文人，也是新中国第三代黄河水文人，祖辈父辈的优良传统深深根植于他心中，而他守正创新，以更开阔的思维传承并发扬这些优良传统，在黄河水文事业发展的道路上赓续前行，用最普通、最坚定的信念接续践行着对母亲河的深深眷恋。

◇ 本文发表于2021年5月19日黄河水文网

◇ 作者：蓝云龙、刘保军

龙海飞：水质监测一线的“排头兵”

“不是在实验室里，就是在去采样的路上。”这是龙海飞在同事眼中的日常工作状态。

龙海飞现为贵州省水文水资源局水质监测处二级主任科员、贵州省水环境监测中心省中心检测室主任，曾获贵州省“最美劳动者”称号、贵州技能大赛水质监测项目第一名，是一名在水质监测一线成长起来的“老兵”。

水质监测是了解水质状况的一项基础性工作。外人看来水质监测要在实验室里与各种有毒有害化学物质接触，忍受各种难闻气味的“熏陶”，同时受各种规范约束，枯燥乏味、责任重大，是一份“苦差事”。

龙海飞却不这样认为，他说每次实验得到数据后，都会有一种成就感，这种成就感让他乐在其中。为了保障饮水安全，强化水资源管理，监测中心每个月都需要对重要饮用水源地、水功能区开展监测。监测指标有29项，而龙海飞一个人就负责硫酸盐、氯化物、氟化物等12项指标。尽管任务繁重，他在检测过程中严格遵守相关规定，确保检测数据真实准确，能为水行政主管部门决策提供科学依据。

水质检测不仅要在实验室站得住脚，还要在实验室外扎得住根。开展地下水监测时，龙海飞要扛着抽水机到井边，把原来的井水抽干，等新水流出后才能采样。遇到汛期，井水水量上涨、水质浑浊，必须反复抽水，一两天才能完成采样。龙海飞笑着说，力气小，耐心差可干不了这工作。

新时代、新形势、新要求，传统的水质监测方式已逐渐不能满足需要。

从2020年开始，贵州省水环境监测中心在现有监测指标基础上增加消毒副产物、有机项目等13个项目的监测。由于机构改革调整，中心检测人手严重不足。面对困难，龙海飞在原有检测工作基础上，主动承担起有机项目、水生态监测的任务。

新的监测项目需要添置新的检测仪器，这些仪器很多都是国外引进的“洋机器”。面对陌生的设备和系统，零基础的龙海飞没有退缩，抱着词典一字一句研究技术资料，反复观看培训视频，不厌其烦请教厂家人员，对于重要的技术数据反复实验，一点点摸索出其中的规律。

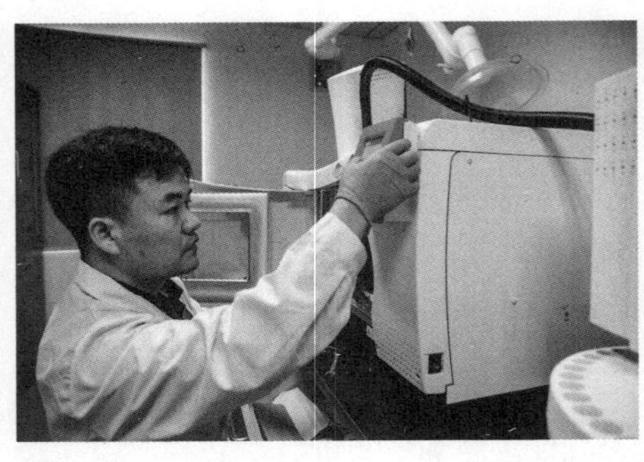

龙海飞正进行气相色谱软件设置

（杨良强　摄）

从一点不懂到熟练掌握监测方法、原理，并最终顺利通过上级主管部门的考核，取得有机项目的上岗证，龙海飞证明了他是一个能直面挑战，把压力转化为前进动力的人。

作为业务骨干、技术能手，龙海飞在钻研业务、不断学习、自我提高的同时，不忘帮助其他同事成长，让更多人为绿水青山“把好脉”。对新同事，他总是认真地教会每一个规范操作。对其他同事提出的问题，他总是耐心地给予解答。即使在 2021 年贵州技能大赛水质监测项目上，面对竞争对手的请教，他也是毫无保留、亲自示范。

龙海飞发挥自身专业优势，制定管理标准和人才培养规划，通过视频会议方式向各市州分中心开展理论和实际操作培训，有效提高了全省水文系统各水质监测实验室在安全生产、库房管理、内务管理上的业务水平。

龙海飞说：“我做的都是最普通最平常的工作，但我希望通过我的努力，能为群众饮水安全保驾护航，为‘水美贵州’水生态建设提供更坚实的数据保障。”

◇ 本文发表于 2022 年 4 月 30 日《贵州日报》

◇ 作者：张伟

陆忠民：专啃“硬骨头”的“技术流”

“如果问我此生最坚定的选择，那就是为中国水利水电事业奋斗，至今已经 36 年。”1986 年，陆忠民来到上海勘测设计研究院（现上海勘测设计研究院有限公司），当年醉心科研的小伙儿如今已成为国务院政府特殊津贴获得者、水利部“5151 人才工程”部级人选。

“一定要打破国外对水利水电领域的技术垄断。”作为上海勘测设计研究院有限公司首席专业师，陆忠民为了实现这一目标，带领团队辛勤耕耘。

水电技术“排头兵”

陆忠民曾先后担任多个项目的总设计师、负责人，包括青草沙水源地原水工程水库及取输水泵闸工程项目、上海市防汛墙加高加固工程、望虞河穿越京杭运河望亭立交工程等多个国家级和省部级重大项目。每一个关乎百姓福祉的工程现场，都是他带领项目团队科技攻关的“主战场”。

陆忠民在青草沙水源地原水工程水库截流现场（李晓雨供图）

青草沙水源地原水工程水库及取输水泵闸工程是世界最大的河口边滩避咸蓄淡水库，也是上海市重点工程，于 2007 年开工建设。工程位于自然条件复杂的长江口区域，工程设计和施工技术难度极大。水库新建围堤主龙口合龙截流、上游取水泵闸主泵房深基坑封底是工程两大关键性节点，作为总工程师的陆忠民主持设计这两大关键性节点任务。

因为工程位于海边，隔海围堤须从四面阻隔海水，当围堤主龙口合龙截流时，海水的涨潮落潮将直接影响合龙进度。陆忠民带领团队用物理模型反复试验两年，设计了具有独创性的钢框笼抛石平堵截流方案。不仅如此，工程的泵站水下结构还采用了基坑围护体与泵站永久结构相结合的方案，并成功应用于工程实际。

2011 年 6 月，上海青草沙水源地原水工程建成通水，上海市民喝上了优质的长江水。筑牢上海供水安全保障的背后，是陆忠民带领团队科研攻关的日日夜夜。

科研攻关“领头雁”

2014 年，陆忠民负责牵头编制《水利水电工程合理使用年限及耐久性设计规范》。“这是水利水电行业内首个关于工程合理使用和设计的规范，没有可供参考借鉴的资料。”陆忠民说。

没有行业借鉴就自己调研，没有相关标准就自己研究。凭着这股韧劲，陆忠民带领团队到国内外几十项工程实地踏勘。从云南到台湾，从美国到加拿大，许多水利水电工程都有陆忠民团队的踏勘足迹。通过对国内外各类建筑物耐久性规定和国内已建水利水电工程耐久性调查分析，他们开创性地建立了各类水利水电工程建筑物等级与合理使用年限的关系，提出了不同环境条件下建筑物材料、结构构造、施工、运行管理等的耐久性设计要求。

他对水利水电工程的贡献不仅是在制度层面上，作为工程数字资产科研项目负责人，陆忠民组织业务和技术人员开展了数字化标准制定、平台产品研发、关键技术研究和数字水电站示范工作，在“业务＋信息技术”的融合创新方面带领团队闯出了一条新路。

“目前已在‘工程数字资产平台’加入了工程地理位置等相关模型，正在研究将工程建设前期规划、建设过程情况以及建后投产信息纳入平台，立体化地完善工程整体数据。”陆忠民说。

人才培养“铺路人”

“我们的人才不仅要‘坐得住’，更要‘走得出’。”陆忠民对培养水利科技人才和建设科技团队有着明确规划。

陆忠民带领研究院副总工程师和各专业技术负责人，根据事业发展规划，建立了各专业技术带头人和技术骨干人才梯队，通过招聘引进紧缺人才、组织国内外考察学习、在项目和课题研究中锻炼使用年轻人等方式，加快培养工程技术人才和技术团队，在城市水利、水资源开发等业务领域的各专业培养并吸纳技术带头人，为水利水电高质量发展提供了强有力的人才保障。

上海勘测设计研究院有限公司智慧工程研究院副院长邓鹏就是人才培养的生动案例。当年，邓鹏担任青草沙水源地原水工程水库及取输水泵闸工程设计人员，如今在水利科技领域卓有建树的他，也在带领团队攻关三峡工程数字资产的科研难点。

“一代代科技人才成长起来，我国水利水电事业也将越来越走近世界舞台的中央。”陆忠民说。

◇ 本文发表于 2022 年 6 月 2 日《中国水利报》

◇ 作者：陈思杰、李晓雨、周旋

骆小筑：从“渡槽姑娘”到总工程师

“要做就做最好的！”这是水利部珠江水利委员会勘测设计研究院（现中水珠江规划勘测设计有限公司）飞来峡水利枢纽设计总工程师骆小筑常说的一句话。

骆小筑（右一）在飞来峡水利枢纽施工现场（骆小筑供图）

在50余载的职业生涯中，骆小筑为水利事业奉献年华，曾扎根基层18年，参与过的中小型水利工程给当地百姓带去福音；她力求水坝建设实现“最优解”，将飞来峡水利枢纽与北江大堤结合起来，使广州地区和珠江三角洲的防洪标准提高到300年一遇；她带领团队获得中国水利工程优质（大禹）奖、中国工程詹天佑奖等多个奖项……

“国家的需要就是我的志愿”

1940年，骆小筑出生在“筑城”贵阳，得名“小筑”。父母都是医生，良好的家庭环境使她从小就志存高远。1958年，18岁的她考入广东水利学院（现广东工业大学）。

新中国成立后，兴修水利工程成为国家经济建设、民生保障的一件重要大事。1949—1978年是广东水利基础设施建设高峰期，而当时的广东省水利事业刚刚处于起步期。为了响应国家号召，骆小筑毅然选择了土木工程系水利工程专业，“国家的需要就是我的志愿”。

进入大学后的设计作业激发了骆小筑勇于创新的潜质。一次，老师布置了设计拱坝水工结构的作业，骆小筑并没有把支撑拱坝的后墩设计成梯形，而是别出心裁地选用了三角形。尽管实际建造会有困难，授课老师李一柱对她的创新设计还是十分爱惜，写下了这样的评语，“你的设计在所有同学中是最特殊的”，这对她日后在水利工程设计上大胆创新、攻坚克难给予了极大的鼓励。

骆小筑（左二）作为总工程师出席工程截流直播（骆小筑供图）

“佛冈的 18 年让我难忘”

1962 年大学毕业后，骆小筑来到广东省清远市佛冈县水电局工作，成为一名技术员。从城市到农村，她深刻感受到基层工作的艰辛——到工地路途较远，她在乡间泥路上骑行，曾翻车险些受伤；所住的农户家没有电灯，很多水利水电设计是她在煤油灯下“挑灯夜战”成稿的……

这一切都没能把骆小筑难倒。刚到工地时，村民曾质疑过她的能力，认为“女技术员搞不好工程”，骆小筑不为所动，最终用实力改变了偏见。“不少人下乡都说很苦，我却没觉得。看到万亩农田受旱，深感我们的责任更大，一定要想办法帮村民搞好农田灌溉。”骆小筑说。

骆小筑初到佛冈，第一个任务就是设计灌区的多座渡槽，当她拿着各种不同结构型式的设计图纸给专业老师看时，老师颇为赞赏，还称她为“渡槽姑娘”。

在佛冈工作期间，“渡槽姑娘”主导了广东省首例过水土坝——山田水库过水土坝的设计与施工；骆小筑勇于担当，挑起指挥防汛应急的重任，以做“隔堤挡洪”的方案化解了溢洪道超标泄洪的危机；她参与潖江整治与小水电建设，以及河道整治工程的多方案论证与多宗小水电站的设计与施工，打造了当时向全省推广的小水电设计典范……“佛冈的 18 年让我难忘，很多工作经验都是在这里积累起来的。”骆小筑说。

飞来峡首创低水头设计

1978 年后，广东水利事业进入发展期，多项工程建设有力保障了全省供水安全，改善了群众饮水质量。

1980 年，刚满 40 岁的骆小筑调往珠江水利委员会设计处水工室工作，她主动请缨设计建造综合治理北江流域的大型水利枢纽工程。自此，她开始了与飞来峡的 20 年情缘。

从实地勘察、专题论证、可行性分析到完成飞来峡初步设计方案撰写，加之专业扎实、工程建设经验丰富，骆小筑的努力赢得了组织认可。飞来峡水利枢纽工程于 1994 年正式动工，1995 年，55 岁的骆小筑被任命为工程设计总工程师。施工过程中，她亲力亲为，对每一处细节都了如指掌，用极高的专业水准和高度的责任感打消外界质疑。她本着人民安全至上的初心，提出了更有利于船闸运行安全的优化方案，经过她的再三坚持，施工方同意了这一施工难度更大的优化方案。

飞来峡水利枢纽工程最大的设计亮点是国内首创以低水头枢纽堤库结合防洪，然而在初设阶段，船闸下游航道口门的淤沙问题尚未完全解决，骆小筑始终为之牵挂。于是，她与南京水利科学研究院合作，在两个多月里不舍昼夜地进行实验，终于确立优化方案——将船闸下游土建的导航堤堤头，改为扇形分流墩群透水型式混凝土结构。经过 20 年运行验证，飞来峡下游引航道口门和原横跨北江的航道相衔接，十分稳定，未出现淤沙问题。

从前期的可行性调研和初步设计，到动工后担任设计总工程师，再到工程进入试运行，骆小筑倾注了半生心血。2022 年 6 月，广东省韶关、广州、清远、河源等地出现暴雨、局地大暴雨，6 月 14 日 11 时，广东省水利厅将防汛Ⅳ级应急响应提升为Ⅲ级应急响应，飞来峡水利枢纽为抵御北江洪水作出了突出贡献。看到这一切，为之奋斗半生的骆小筑甚是欣慰。

◇ 本文发表于 2022 年 6 月 16 日《中国水利报》

◇ 作者：陈亮

马东亮：以优质设计托举大国重器

“解决‘卡脖子’技术问题是我们一直以来的攻关方向。”中水淮河规划设计研究有限公司党委委员、副总经理马东亮提到的科技攻关，不仅在淮河流域，在南水北调工程、在智能泵站综合一体化平台、在两次参与援藏工作的征程上，处处闪耀着他带领团队解决技术难题的智慧光芒。

对党尽责，为人民服务永不“退休”，是马东亮向党和人民许下的庄严承诺。37 年的水利征程中，他始终带领团队聚焦水利工程技术前沿，用合理优质的工程设计托举大国重器。

“打通淮河入海通道”

“打通淮河入海通道的设计工作，不仅锤炼了我，也成就了我。”马东亮说。1991 年，淮河流域发生特大洪水，国务院在治淮治太会议上确定了治理淮河的 19 项骨干工程。

淮河入海水道是国家确定的 19 项治淮重点骨干工程之一，其中的淮安水利枢纽是其中规模最大、技术要求最复杂的枢纽工程，其主要作用是实现入海水道与京杭运河的交叉，满足入海水道泄洪及渠北运西地区排涝要求和连接淮扬公路交通，同时维持京杭运河水路航运。在如此重要且艰巨的治淮工程中，马东亮在水利勘测设计方面崭露头角。

1999 年，马东亮以项目负责人的身份挑起了淮安水利枢纽的勘测设计任务。在不到一年的工程设计周期里，马东亮带领项目组，下工地、查资料、找专家，攻下一个又一个技术难题，大胆提出了当时国内最先进的“上槽下洞”斜立交地涵结构型式，成功解决了淮河泄洪河道（入海水道）与通航河道（京杭运河）两个水系交叉通水的问题，为我国水工结构设计创新作出了突出贡献。

2000—2003 年，是马东亮的设计方案接受检验的关键阶段。为了实时掌握工程进度，他与建设管理单位、施工单位紧密配合，经过无数次试验和论证，成功解决了超大型基坑施工降水、混凝土温控防裂和粉细砂地基防渗等诸多复杂技术难题，实现了整个立交地涵 10 万立方米主体混凝土未出现一条裂缝的预期目标。

马东亮（左）在工地一线指导工作

（王一品供图）

如今，一座功能独特、造型别致的淮河入海水道第二级枢纽在淮安巍然耸立。工程的建成与运行，改变了 600 余年来黄河数次南泛夺淮，淮河入海故道淤积，洪水不能直接入海的局面。在 2003 年和 2007 年淮河流域两次特大洪水中，淮河入海水道大大缓解了淮河干流和洪泽湖的防洪压力，发挥了重要的泄洪防洪作用。工程获得新中国成立 60 周年“百项经典暨精品工程”称号，其设计也获得第十一届全国优秀工程设计银奖。

“到党和人民需要的地方去”

热爱水利事业的马东亮有一段十分珍贵的记忆——驰援西藏建设小水电。忆起这段经历，他说：“年轻人就要到艰苦的环境中去锻炼，就要到党和人民需要的地方去担当。”

1995 年，淮河水利委员会承担援建西藏小水电任务，马东亮积极响应号召，报名参加援藏工作组，同年 5 月进入西藏进行现场查勘。工作生活条件艰苦加上严重的高原反应，丝毫没有影响马东亮进行地质勘探测量的工作进度。在其他队员生病的情况下，他主动承担了 20 千米长输电线路的测量任务，为工作组按时完成任务争得时间，出色地完成了援藏任务。

“这是一种财富，激励着我要为国家和人民作出最优质的工程设计。”1997 年，马东亮再次主动申请进藏工作。

“创新只有进行时，没有完成时”

学知不足，业精于勤。作为一名党员干部，马东亮十分注重政治理论学习，坚定不移用党的创新理论武装头脑、指导实践、推动工作。在参加工作的37年里，他主持或参加了50余项工程设计，先后荣获“全国水利系统先进工作者”荣誉称号和全国五一劳动奖章等。

马东亮主持设计的南水北调东线蔺家坝泵站率先采用灯泡贯流式水泵机组，填补了我国灯泡灌流水泵机组的空白，项目荣获全国水利水电工程优秀设计金奖。

在主持引江济淮工程设计中，马东亮勇挑重担，打造智能泵站综合一体化平台，构建了信息采集、测量、控制、保护、调节、诊断、决策等功能于一体的管理系统，实现了泵站“无人值班、少人值守”，大量节约运行维护成本，取得发明专利、实用新型专利和软件著作权近百项，有效提升了我国泵站设计和建造水平。

“科研创新只有进行时，没有完成时。”马东亮始终在他钟爱的水利水电工程领域奋勇向前，已有的成绩也化作漫天繁星，激励着他向更高的科技山峰攀登，辉映着水利工程走向更优质、更智慧的未来。

◇ 本文发表于2022年4月28日《中国水利报》

◇ 作者：陈思杰、魏晓雯

马玉东：高原水文的“硬肩膀”

你原不是天赋异禀的人，却用不厚实的肩膀扛起了一个站，一个家……

十年磨砺出一剑

海拔 3700 米，辽阔的高原牧地，近在指尖又让人仰望的皑皑雪山，云朵贴在纯净天空的胸膛，慢悠悠、慢悠悠地晃着脑袋，安静的湖泊倒映着成群的牛羊，不远处怀抱小羊羔被风吹乱发梢的卓玛，红红的脸蛋，清澈的眼眸，爱了，爱了。

怀揣着对未来的美好向往，当年只有 24 岁的马玉东来到门堂水文站参加工作，门堂水文站位于青海省果洛藏族自治州久治县门堂乡，一路上的景色让他喜出望外。

一下车，稀薄的空气并不友好，他安慰自己，胜在新鲜。和一路上的景色相比，空荡的院落，斑驳的墙面，勉强用塑料布糊上的窗户，乌漆漆透不进光线的宿舍，只有一个老站长和一只冲着来人狂吠的老狗在迎接他。夜晚，索性关了忽暗忽明的白炽灯，蜷缩在冰冷的被窝中熬到了天亮。

当时，门堂地区没有通电，只能利用发电机产生的些许电量维持日常的工作和生活。交通不便，条件也是极其艰苦，驻站人员少得可怜。马玉东的到来，让身体已有诸多不适的老站长得以有休养的机会，多数时间都是马玉东一人坚守在站上。

现实的残酷并未浇灭少年心头的热火，反而激发了他骨子里的倔强。他一边尽力适应艰苦的生活环境，一边拼命学习专业知识，努力提升自己。工作空余时间，没人可以说话，他就通过看书学习排解心中的苦闷，就这样，十年如一日。马玉东还曾在技术大比武中取得过优异的成绩。

马玉东（蹲者）工作在一线

历经整整十年的坚守，2013年，马玉东被任命为门堂水文站副站长，在自己热爱的事业上更进了一步。担任副站长后，他对自己的要求更严了。为了一个数据他可以反复校测多次，直到准确无误。因为字丑，怕影响了水文资料的整体美观，他逼着自己苦练书法。对每个小细节，他都至诚至细。可每当谈到大女儿时，马玉东说对女儿的亏欠是他做过的最无力的努力。

我要怎么说爱你

2015年除夕的前几日，经过了一年的忙忙碌碌，马玉东终于回到了家。在幼儿园门口看着久违的宝贝女儿手舞足蹈地抱着自己撒娇的样子，马玉东满眼的疼惜和愧疚。当年妻子怀孕的时候，由于一直陪着自己待在高海拔地区，产前一个月才回到西宁，孕期长时间缺氧，孩子先天性心脏发育不良，虽然经过手术有了好转，但造成的伤害却无法弥补，并发症将伴随她的一生，需要定期复查，就连跑步对女儿来说都有可能致命。马玉东小心翼翼地爱着女儿，给女儿取名“乐乐”，就是希望她能够健康快乐地长大。干水文的都知道，水文人一年到头难着家。马玉东只要有机会回家，就会推掉一切应酬聚会，把所有的时间都留给女儿，任她在怀中嬉闹。他生怕来不及多抱抱女儿、亲吻她的额头，生怕和女儿在一起的时间从指缝溜走，马玉东说，他觉得只有对女儿毫无保留地疼爱才能弥补自己对她的亏欠。

不忘初心仍少年

2017年2月，马玉东调任唐乃亥水文站副站长。从门堂到唐乃亥，工作内容有了很大的改变。但是多年来的刻苦学习，使得他很快就对唐乃亥水文站的工作得心应手。一年后，马玉东任唐乃亥水文站站长。

相对于其他职工在这里动辄十多年的工作经历，马玉东以及新入职的几名职工都是新人。工作之余，马玉东会抽出时间和年轻职工一起学习，给他们传授自己的工作经验，不厌其烦地给大家答疑解惑。他说，因为自己也是从新人一步步走过来的，他清楚大家会在什么地方遇到障碍，该用什么样的方法去讲解，大家才会更容易接受，在马玉东的帮助下，年轻职工的专业技术能力突飞猛进。

2018 年 7 月 13 日 10 时 36 分，唐乃亥水文站出现 3400 立方米/秒的洪水，黄河防汛抗旱总指挥部相继发布了Ⅳ级、Ⅲ级应急响应。应急响应期间，唐乃亥水文站一天需拍发 20 多份水情报文，每份报文，马玉东都要亲自校核。仅 7 月，唐乃亥水文站便共拍发、转发报文 800 余份，为各级防汛抗旱指挥部门提供了及时可靠的决策依据。

站上的年轻职工郝云鹏说，在流量超过 2500 立方米/秒的几十天里，马站长平均每天休息时间不足 4 个小时，眼里满是血丝。他总是在大家一再劝说下才回宿舍休息，那段时间大家听到最多的，除了风声雨声浪涛声，还有马站长躺下不久便发出的鼾声……

8 月 24 日傍晚，唐乃亥地区暴雨倾盆。22 时许，断面下游约 500 米处发生泥石流地质灾害，大量砂石冲入黄河。次日 7 时，泥石流过程方才结束，致使河道堵塞、壅水顶托影响到了监测断面。这样的特殊水情期间，唐乃亥水文站每天至少施测一份流量，每一份流量成果出来后，马玉东都会第一时间查看水位流量关系线，发现偏离，立即修订。

马玉东获得“黄委劳动模范”荣誉称号

2018—2020 年，唐乃亥水文站 3 年经历了 5 次编号洪水，马玉东带领测站职工优质完成了测报工作。3 年洪水期间，唐乃亥水文站共测流 318 次，测取单沙 965 次，实测输沙率 27 次，所有水沙过程控制完好。2018 年 1 号洪峰中 3390 立方米/秒的实测最大流量，是近 30 年来出现的最大洪水。5 场洪水期间共拍发水情报文 11800 余份，无一错、漏、迟报。

由于出色的工作表现，马玉东曾获得过水利部黄河水利委员会通令嘉奖，2021 年 4 月更是获得“黄委劳动模范”的荣誉称号。更令人欣喜的是，出生不久的小女儿让马玉东感受到从小棉袄换上羽绒服般的温暖，有两个可爱的女儿和一直无怨无悔地支持自己的妻子，谁说这不是马玉东最大的成就呢！

马玉东说，不管未来什么样，自己都会是十几年前初到门堂水文站的那个小伙马玉东。

清晨，第一缕阳光，金灿灿的线，暖暖地打到站在河边的他，此刻，他眼中的闪耀，胜过天际的星。

◇ 本文发表于 2022 年 3 月 3 日《中国水利报》

◇ 作者：谢婷婷

马陟：情系百湖，守望山水

江城武汉，两江交汇，百湖多姿。在这里，每到周末总能发现一群穿着独特蓝马甲的志愿者穿梭于河湖边，他们或清理打捞垃圾，巡查发现河湖问题；或向附近居民宣传水环境保护知识，义务监督河流环境，成为城市的一道亮丽风景线。

这些志愿者大多是“爱我百湖”志愿者协会的成员，这个环保公益组织已从事水环境保护十余年，是武汉市为人熟知的优秀社会组织代表。而说起武汉“爱我百湖”志愿者协会，就不能不提协会的会长马陟。2020年10月，他获评为全国“民间河湖卫士”。

擎火者：有一分热，发一分光

按时下流行的年龄标准划分，马陟属于比较务实、创造的“70后”。作为依水而生的武汉人，他对水有着与生俱来的亲切与喜爱。

但自20世纪末，随着城市的快速发展，武汉昔日的湖泊加剧消失，不断遭受污染。面对严峻的湖泊治理形势，2010年，马陟便开始召唤小伙伴一起加入到当时“爱我百湖”大型公益行动中，并从此走上了护湖爱湖的征途。春去秋来，身边的同行者换了一批又一批，而马陟在这个“水生态文明的王国”驻扎下来，一做就是10年。

谈到从事水环境保护的初衷，马陟说，记得小时候家乡的河湖水很清，大家可以随便在里面洗澡、洗衣服，而现在河湖的水环境却在不断遭到破坏，他希望能够为江城水环境的改善做一些力所能及的事情。也希望他们在从这座城市索取的同时，也可以回报于她！

随着他对环保领域的深入了解和对水环境治理的不断思考，马陟发现之前西方国家也曾经出现过一些很严重的环境问题，这些问题最终能得到控制并被解决，一个非常重要的突破口就是公众的广泛参与。在他看来，这是一条完全可以学习并复制的道路。

他有一个理念，个人是渺小的，只靠一个人的力量远远不够。在环境保护这样一个系统工作上要想有一些作为，不仅不能“独善其身”，还必须主动做大量的组织协调工作，以动员和团结社会各界的力量，用自己的行动说服别人、影响别人，以自己的力量带动更多人的力量。为凝聚更多护湖爱水力量，经过多年努力，他于 2016 年 11 月在市民政局正式注册成立“爱我百湖”志愿者协会，并“名正言顺”地成为该协会的会长。

不同年龄、不同职业、不同学历，越来越多的人加入他的队伍。协会也从最初的几人发展到现在的近万名志愿者，每年举办大型公益活动 20 多次。深度参与城市水环境治理，组织开展重点涉水志愿服务项目，对城市黑臭水体、河湖“四乱”等环境问题进行监督，定期护湖巡查，开展水质检测，劝阻不文明行为，以寓教于乐的形式宣传水环境保护理念……

秉持着“能做事的做事，能发声的发声；有一分热，发一分光”的理念，在马陟的带领下，武汉“爱我百湖”志愿者协会多次获得省、市荣誉，并于 2018 年获评全国“最佳志愿服务组织”。协会也让他这个水环境保护主义的“擎火者”不再孤单，他坚信每个人的力量看似微不足道，但这些荧荧之光必能照亮旷野。

马陟（右）和他的团队在武昌区沙湖进行水质分析

守望人：十年坚守，是初心亦是未来

“我们可以从种一棵树到爱一片森林，从节约一滴水到守护一个河湖，从旁观者成为行动者，最终将是受益者！”

他是这样说的，也是这样做的。十年如一日的执著坚守，他始终行走在爱水护湖的最前列，时刻奔走在水环境保护宣传的第一线。十年来，几乎每个周末，他都将自己的休息时间奉献给了护湖巡湖志愿服务活动，个人公益活动时长达 2000 余小时。

除带领上千名志愿者分别在长江、巡司河、汤逊湖、后官湖、东湖等河湖开展爱水护湖巡查，进行河湖岸线垃圾清理、水质检测外，他还组织志愿者围绕湿地与鸟类栖息地开展护鸟拆网行动，保护湿地生态，守护沉湖鸟类绿色家园；对巡司河、沙湖港、郾家湖、东杨港等 11 条水体独立调查，获取水质变化、水体面积变化等第一手数据；通过组织志愿者参加政府召开的座谈会和听证会，参与占湖还湖建设规划等，构建起政府与民间合作对话的桥梁。

弯腰做公益，挺身树文明。在他的带领下，协会助力武汉军运会、助力水生态文明建设，更将护湖爱水宣传作为己任，立足“知识、技能、价值观、行动”四个维度，将“体验式、游戏化、在地化”等元素运用到志愿活动中，吸引参与，激发思考，有效提高了广大市民水环境保护的意识。同时，他还积极组织开展河湖保护法律法规宣教，邀请水生态专家和教授为中小学生开展水生动植物公益课程，对志愿者进行采集水样、底泥、鱼样培训，带领大家制作自然笔记，树立中小学生环保意识，打造起“亲子志愿服务模式”等。

2019 年，协会在马陟的带领下围绕“水污染防治全民参与行动”“助力军运会水环境保障”“关爱自然保护山川河流”“水务法律法规六进”等主题，先后组织开展水环境保护宣教 42 场，参与志愿者近 5500 人次，省、市主流媒体予以新闻报道累计 38 次。2020 年，在新冠肺炎疫情常态化防控形势下，协会克服各种困难，坚持组织云上巡河湖 5 场，开展志愿者云培训 12 场，每场观看直播人数达上千人次。

“越是前行，越是坚定。”在跟协会工作人员的日常交流中，马陟经常说，“我们不求波澜壮阔，但从事这项事业需要水滴石穿的耐心和一点一滴地坚持。”经过十年坚持不懈的环保宣传及保护行动，“爱我百湖，我们在行动!”成为一群人未来前进的号角。武汉的水环境也正变得更干净、更宜居，也更有爱。

开拓者：把民间河湖长做成品牌

作为一家专业的水环境社会组织的负责人，马陟在长期工作和活动中积累了丰富的经验，有能力也有意愿配合政府部门共同推进河湖长制工作。

在马陟的推动下，作为开拓者的“爱我百湖”志愿者协会于 2015 年即开始在全市公开招聘民间湖长，2017 年在全市范围内为 166 个湖泊公开征集民间湖长，2019 年年底又为武汉市 34 个市级重点河湖征集了民间河湖长，有近万余人参与民间河湖长系列相关活动。2018 年，“深化湖长制　打造民间湖长典范”荣获“武汉市十佳志愿服务项目”。

马陟在高校做“保护湖泊”巡讲

3 年里，“爱我百湖”协会积极培育和发展民间河湖长队伍，组织大型培训、宣传教育活动、座谈等 60 余场，其中包括民间河湖长素质培训、河湖长制工作宣传、官方河湖长与民间河湖长座谈交流等，直接参与人员两万人次，新华网、《湖北日报》《长江日报》等中央、省、市媒体予以新闻报道 50 余次。

探索建立长效机制，让河湖长制深耕于江城的每一处水系，覆盖水系的每一处毛细血管，这也是马陟一直努力的方向。在此过程中，他探索出一整套涉河湖问题发现反馈机制，搭建起官方河湖长与民间河湖长沟通平台，通过对话交流，形成了河湖保护的良性循环。

保护河湖的步伐不能停歇，保护我们赖以生存的环境的行动没有止境。马陟说：“水环境保护公益已成为我生命中必不可少的一部分，无论前方道路多么曲折漫长，我都将矢志不渝，与志愿者们携手坚定地走下去!”

◇ 本文发表于 2021 年第 1 期《环境教育》

◇ 作者：张淑倩

乾杰：十年深情守护　魂系库区移民

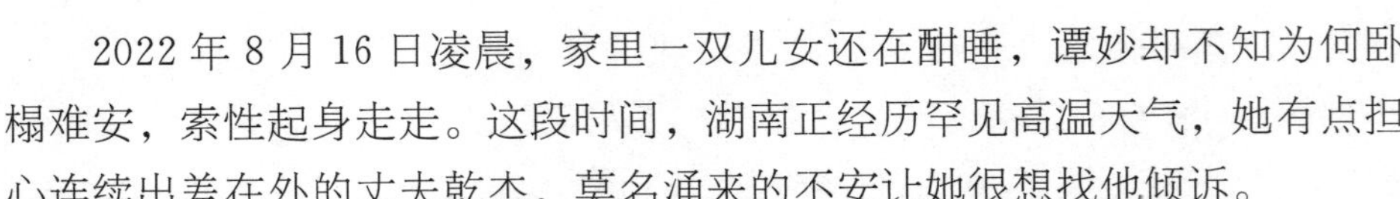

2022 年 8 月 16 日凌晨，家里一双儿女还在酣睡，谭妙却不知为何卧榻难安，索性起身走走。这段时间，湖南正经历罕见高温天气，她有点担心连续出差在外的丈夫乾杰，莫名涌来的不安让她很想找他倾诉。

一出房门，周身便被闷热紧紧裹挟。思量再三，她还是收起电话，等到天亮才拨打，商量着询问：“能请假回来两天吗？”

“工作没做完，请假回去不太可能啊。搞完这一趟，下个礼拜休年假行不？下午就交请假条。”乾杰安慰两句，匆忙挂了电话。

听到丈夫要休年假，谭妙舒心了些。

然而，一向信守承诺的乾杰，这次却食言了。8 月 17 日，在岳阳市君山区开展水库移民工作监督检查的他，因突发疾病倒在了工作岗位上，手机里还留着已获得批准的年假申请……

君山含悲，洞庭呜咽。作为湖南省库区移民事务中心资金财务部一级主任科员，乾杰把 40 岁的宝贵生命，永远地留在了对水库移民资金的守护上。

任务繁重“老黄牛”

入夏以来，高温热浪席卷各地。

乾杰生命中最后一个月，正是在三伏天，他夜以继日开展移民后期扶持项目监督检查。

7 月 19 日，全省启动 2021 年度大中型水库移民后期扶持政策实施情况监督检查，乾杰与同事开启“连续出差”模式。

岳阳君山，是此次监督检查的第 5 站。8 月 17 日，乾杰起了个大早，7 点 30 分就出发，先后奔赴柳林洲街道、良心堡镇、钱粮湖镇……

当天，岳阳发布高温橙色预警。乾杰本计划早去早回，但忙到将近下午 1 点，工作才告一段落。

“全程没什么异样，查验也很顺利，他就嘀咕了两句天气很闷，热得让人感觉出气不赢。”同组工作人员江枫回忆。

大家约好午餐后在宾馆稍作休息，下午 4 点集合出发。

谁也没有想到，短暂分开的 2 个小时里，乾杰突然倒下，永远离开了大家。

乾杰（前排左）获表彰

在生命最后 30 天里，乾杰先后到长沙县、吉首市、安化县、涟源市、君山区的 20 多个乡镇 40 多个村，走访调查移民 80 多户，实地复核 70 多个建设项目，行程超过 2000 千米。

在赶往涟源市途中，他留下最后一段录音：“绩效评价资料一定要仔细审核，不仅要完整，还要注意逻辑关系……”

在君山区查看项目，照片上定格了他工作的模样：一件 T 恤衫、一条工装裤、一双运动鞋、一顶草帽；前胸后背，热汗湿透了衣裳。

“工作很拼，既专业又较真。”安化县库区移民事务中心监督检查负责人邓德喜对乾杰印象深刻。

在安化库区监督检查时，考虑到天气炎热，邓德喜建议查验项目现场采集的图片和资料。乾杰摆手拒绝：“必须去现场。”

将近下午 6 点 30 分，被问到最后一个项目还看不看，乾杰坚持：“看，必须看完！”

这是乾杰 10 年来的工作习惯。

研究生毕业于武汉大学会计学专业的乾杰，2012 年被招录进湖南省水库移民开发管理局（现湖南省库区移民事务中心），负责移民资金财务工作。

他十年如一日，兢兢业业。库区移民事务中心资金财务部部长肖建平说，乾杰是年轻的“老黄牛”，加班最多，出差最频，工作任务最繁重。

驻村帮扶“来真的”

乾杰老家在湖北省监利市一个偏远乡村。但最近 3 年他与同事、朋友、家人聊天时，脱口而出的“我们村”，指的是湖南省新化县白溪镇白龙村。

2018 年 12 月，乾杰主动请缨，要求驻村帮扶。当时，他女儿仅 3 岁，儿子才 5 个多月。

“他告诉我，在脱贫攻坚战场上，他不想缺席，他想成为一名战士。”库区移民事务中心党委副书记周娟华说，申请下乡驻村时，乾杰没有丝毫犹豫。

驻村帮扶，乾杰“来真的”。村里修建排洪渠，得知施工方偷工减料，他要求立即返工，并监督工程高质量完成。

对村里百姓，乾杰用心用情。2019 年休假期间，他听到村民陆世平夫妇在广东遭遇车祸身亡，二话没说，开车到事发地处理后事。

对白龙村的发展，乾杰更是心心念念。村里小龙虾养殖基地建成之初，他请湖南农业大学的专家来传授技术。连续两个星期，他晚上打着手电察看小龙虾长势。如今，小龙虾基地年利润已超过 50 万元。

白龙村每个角落，都留下了乾杰的足迹。村里新建成的公路，他参与勘探设计；油茶种植俄羊岭基地，他多次往返现场；养龙虾、牛蛙的田边塘坎，他多次蹲守；每家每户，他都去串过门……

乾杰参加湖南省库区移民服务中心“忠诚感恩跟党走，爱岗敬业立新功”优秀学习心得分享演讲活动

2020 年，白龙村村民人均可支配收入由乾杰驻村前的 2800 多元增加到 8600 多元，村里 99 户贫困户 375 人全部脱贫。因扶贫业绩突出，乾杰被水利部评为“全国水利扶贫先进个人”。

2021 年 5 月，乾杰随工作队撤离白龙村。他在扶贫工作日记最后一页写道：“希望大家的日子越来越好，白龙村的发展越来越好，大家缘分继续、友情不断、常来常往。”

一别两宽！不少村民再见乾杰，是在他的追悼会上。“真的不敢相信！”乾杰结对帮扶对象吴红中哽咽道，乾杰还答应要来他家新房看看呢。

表里如一“真君子”

推开湖南省库区移民事务中心 708 办公室的门，乾杰的办公桌还保留着原来的样子，桌上放着他申请出差的审批单，一把长直尺尤为引人注意。

“他习惯用尺子压线看数据报表，避免出错。”同事唐一什说，10 年来，乾杰经手报送的数据堪称海量，分配的资金数额巨大，从未出过差错。

在湖南省库区移民事务中心党委书记、主任唐要善眼中，乾杰专业过硬，又经多年实践历练，是全省移民领域公认的财务专家。单位的同事想要资金财务数据，市县移民机构的同人有什么疑难问题，第一个想到的就是他。

有些忙帮得，有些忙帮不得，乾杰心里有一杆秤。

有人知道他管理全省移民资金，负责出资金分配方案，琢磨着是否可以请他“照顾”一下，他每次都回复：“我只能按文件规定分配原则出方案，没办法照顾。”

“是个真君子。”同学杨娟认识乾杰快 20 年了，说他很耿直，表里如一。

这个耿直的男人，对家庭满怀责任与深情。

他每天早上 5 点多就起床，怕吵醒妻子和孩子，常在厨房洗漱，出门上班前会烧好开水，把孩子们的水壶灌满。

“我有时还觉得他为了工作忽略了我和孩子，怨过他。”谈及此，妻子谭妙忍不住掩面痛哭。

在乾杰生命终止的地方，离他监利老家不过一江之隔，车程仅 1 个小时，他原计划休年假时，带着孩子回老家玩玩，好好放松一下。

“他真的累了，确实是想休息了。”乾杰母亲胡大霞忍着剜心之痛，白发人送黑发人。

◇ 本文发表于 2022 年 9 月 30 日《湖南日报》

◇ 作者：黄利飞、张琪汶、白庆祝

任永杰：坚守岗位39年，守好水库的“眼睛”

2022年8月的第一个周末，是任永杰在密云水库张家坟水文站值守的最后一班岗。8月8日，年满60岁的他正式退休。39年来，任永杰作为张家坟水文站站长如定海神针般坚守在这里。他和同事们盯住雨量、流速等重要水文信息，准确、迅速地汇报给密云水库管理处，守护住张家坟水文站——密云水库的“眼睛”。

暴雨蓝色预警期间彻夜值守测量数据

张家坟水文站位置偏远，从密云水库管理处开车过去需要半个小时左右的车程，一路上山路蜿蜒，张家坟水文站就藏在这大山之中。水文站取名源自此处的张家坟村，任永杰是这里的村民，从他家到张家坟水文站不过五六百米距离，算得上“抬腿儿”就到。即使是这么短的距离，在汛期，任永杰也不怎么回家，他总是守在站里，困了、累了便到站里的值班宿舍休息。

从站上到观测断面的路，是任永杰最熟悉、最难忘的路。每年白河堡水库向密云水库补水时，闲不住的他总是拿着测量工具一趟又一趟地赶往河道边，看看水头有没有到来。他会在清晨拿着测量工具到河道边观测水位，抓住水头，关注水势。

由于常年往河道边跑，任永杰的脸和胳膊晒得黑黝黝的。炎炎夏日里他去观测水位时，不戴帽子不打伞，穿着运动鞋就往河边走。任永杰有经验，烈日晒黑皮肤没关系，但一定要防止中暑，“河边热着呢，必须带瓶水补充水分。”白天观测数据时温度再高，他和同事们也必须穿好救生衣和雨鞋。为了工作方便，测量器材放在河边的站房里。站房台阶高，任永杰年纪大了，他的同事便主动爬上站房把器材送下来。

此前那个周末，北京发布暴雨蓝色预警，张家坟水文站的每一名工作人员都绷紧了神经，“这时水文信息我们得一小时一测，无论白天还是晚上，一定要按照要求完成。”因此那个周末，任永杰和同事们几乎没怎么合眼，大家不是在去测数据的路上，就是在向密云水库管理处相关部门汇报水文数据。北京的暴雨往往出现在夜里，别说是 2022 年的主汛期，即便往年，任永杰到了这时也睡不了几个安稳觉，“咱这工作性质就这样，雨来了就得守住，张家坟水文站可是密云水库的‘眼睛’啊。”

任永杰（右）测量河道流量

（于鹏飞　摄）

“抓”张家坟水文站断面最高洪峰

39 年前，密云水库张家坟水文站招汛期水文工，刚参加工作不久的任永杰报了名，“当年设备、办公环境都没现在好，也没空调。”回忆起第一次来到张家坟水文站，任永杰笑着说。那时电话还不普及，遇到夏天打雷，站里的电话线路容易出现故障，“但我们要向管理处报监测数据，电话坏了我就跑去用村里大队的电话。”从短期水文工到水文站站长，任永杰一直坚守在这里。

任永杰测量水温

（于鹏飞　摄）

任永杰对张家坟水文站如数家珍，测站沿革、测验项目、水文特征值、水准点位置及高程等情况，他都熟记于心，各种仪器的使用、保养、简单的故障排除更是信手拈来。工作这么多年来，他经历了很多场洪水的考验。

说起任永杰的坚守与执著，张家坟水文站副站长吴月说了这么一件事。2021 年的汛期，以站为家的任永杰都不记得几天没陪老伴儿坐下来踏踏实实吃顿饭、唠唠家常了。“当年 7 月 12 日，任站长带着大家一如往常地重复着观测水位、流量、水温、降水量等工作。”吴月说，当天 11 时，暴雨突降，水位猛涨，任永杰和同事们开始奔波于观测场和各个断面，详细记录着雨水情的变化。次日凌晨，水位接近峰顶，他赶忙喊上其他两名同事赶去小岭断面测流。凌晨 4 点 30 分，他们抓住了 1190 立方米/秒的洪峰流量，这是自 2018 年以来张家坟水文站断面迎来的最高洪峰。吴月说，张家坟水文站迅速将洪峰数据反馈至上级部门，为密云水库防洪调度提供了第一手数据。

吴月还记得当时第一轮强降雨及洪水过后，任永杰的眼里布满血丝，但他并没有多休息，“当年 7 月 18 日，实测洪峰流量 678 立方米/秒，任站长依旧冲在最前面，带领大家测出汛期里第二个洪峰流量。”

张家坟水文站里最操心的“家长”

平时，小年轻们喜欢叫任永杰“大爷”，“大爷”的“爷”字发轻声，这是年轻人对年长者的敬称，其中也透着亲热。张家坟水文站的年轻人张西磊喜欢与任永杰聊天、请教业务，“我大爷脾气特好，对我们这些年轻人就跟对他的孩子似的。他工作那么多年了，从没休过一次假。”张西磊佩服地说。

在汛期工作尤其是抓洪峰时，任永杰永远冲在最前线，为了其他人的安全，最危险的工作他来干；看到因为长期在河道工作而被跳蚤咬得满身是包的小伙子，他心疼不已，吩咐老伴儿买来药，亲自给小伙子们涂上，如父母般呵护着他们。

别看平日里任永杰对年轻人和蔼可亲，但到了督促他们学习业务知识时，任永杰异常严肃，毫无情面可讲。吴月说：“不忙时他们组织全站职工进行实操演练，任永杰对成绩不好的年轻职工，劈头盖脸一顿说。不过说归说，之后任永杰还要陪着学、陪着练，直到成绩合格。”吴月说，正是任永杰这样一丝不苟的态度，为密云水库培养出了一批又一批的水文尖兵。吴月在任永杰的督促下，苦学业务本领，获得“北京大工匠”比赛第三名的好成绩。

8 月 8 日这天，生在白河边、长在白河边的任永杰已满 60 岁，就要离开他为之奋斗一生的水文事业了。他也从工作之初的“小任”变成了如今的“老任”，他常说：“不经意间干了一辈子，我对得起从我手上报出的每一个数据。”

◇ 本文发表于 2022 年 8 月 9 日《新京报》
◇ 作者：吴婷婷

沈俊江：传业授业持匠心，勤业精业存恒心

“效能基本一致，成本降低一半，彻底解决了水泵流量衰减的难题。经过一年稳定运行验证，扬水泵站水泵叶轮技术改造研究取得显著成效。”这是临近虎年春节时，沈俊江和他带领的盐环定扬水管理处技能工作室交出的一份亮眼“成绩单”。

参加工作30多年来，凭借着对扬水事业的满腔热情和技术创新的刻苦钻研，宁夏回族自治区盐环定扬水管理处沈俊江从机电工慢慢打磨锤炼，逐步成为宁夏扬水系统的技能大师、技术骨干，盐环定沈俊江工作室更在荣膺国家级技能大师工作室。

初心：黄河水甜在梦里

喝的是漂浮草屑的窖水，种的是十年九旱的“望天田”。对于出生在宁夏中部干旱带核心区盐池县山区的沈俊江来说，家乡干旱缺水是他年幼时最深刻的记忆。

20世纪80年代初，亚洲最大的农村饮水工程——盐环定扬黄工程开工建设，喜悦的消息传遍老区大地。1990年，怀揣着当光荣扬水人、回报家乡父老的心愿，沈俊江成为盐环定扬水战线一名年轻建设者。3个月的紧张培训后，他从100名学员中脱颖而出，成为盐环定扬黄工程第一批机电工。

沈俊江在技能工作室忙碌着

沈俊江一心扑在工作上，在机电设备运行、维修、管理工作中坚

持不懈地学习专业技术，练就一身精湛过硬的技术本领，凭着丰富的实战经验和过硬的技术，多次避免重大生产事故发生。

宝剑锋从磨砺出，沈俊江从普通工人成长为众人眼中的“机电专家”。他在泵站推行设备专责管理制和设备专责岗，主持修编了《机电设备检修规程》《泵站运行规程》等，进一步加强对机变电设备的管理，提高了运行管理水平。多年来，他参加了陕甘宁盐环定扬黄续建共用工程和盐环定扬黄共用工程更新改造，先后编写《现状调查分析报告》《安全鉴定报告》等，协助水利部泵站检测中心、设计单位完成了《安全鉴定检测报告》《复核计算分析报告》等报告的编写工作，提出优化可行方案，使项目更加合理完善，为盐环定设备安全运行奠定了基础。

匠心：细节锻造精品

能抵御工作枯燥感的是兴趣和情怀，更是工匠精神。

30 多年如一日，沈俊江热心参与技术革新、技术改造以及检修工艺操作方法的创新，出水蝶阀控制系统改造、排污泵技术改造革新、泵站流量调节阀改造等，解决了几十项技术难题。

从 2009 年开始，沈俊江获得了多个省级奖项，同时荣获了全国“水利技术能手”等称号。2019 年，自治区级“沈俊江技能大师工作室”获批建设以来，沈俊江以技能培训和技术攻关为抓手，开展技术比武、技改革新等活动，推进管理处技能人才队伍建设。

沈俊江还创新培训形式，以身试教，热心传授技艺，将自己所学理论知识、操作技能技巧、处理问题方法和实践经验倾囊相授，带出的徒弟达到 100 多人，其中产生高级技师 1 人、技师 95 人，为盐环定扬黄工程的安全运行培养了众多“高精尖缺”技术骨干。

工作室发挥专业技术特长，先后参加青海省格尔木市城中变电所电气调试、甘肃引大入秦工程一至五泵站电气调试、南城拐子泵站、同心马家塘泵站及中宁新圈二泵站机电设备安装等多项工程的施工建设，为自治区内外水利工程建设贡献了盐环力量。

一路笃行，“勤学爱”已成为沈俊江的职业底色。“传业授业持匠心，勤业精业存恒心，为生命工程奉献一生，无悔于自己当初的信念。”沈俊江说。

◇ 本文发表于 2022 年 2 月 24 日《中国水利报》

◇ 作者：孟砚岷

宋丹：江河无恙我心安

从 2006 年 9 月进入房县青峰水文站工作，到如今在湖北省十堰市水文水资源勘测局水情科担任科长，宋丹从水文新兵淬炼为防汛尖兵，没有波澜壮阔的事迹，只有扎根深山、刻苦钻研的历程。

“荣获全国水旱灾害防御工作先进个人，这不仅是对我的褒奖，更是对十堰市水文系统的认可。”宋丹说。

扎根深山，巾帼坚守

25 岁的宋丹，上班第一天就被分配到青峰水文站。青峰水文站位于大山深处的房县榔口乡双湾村，条件艰苦。即便如此，宋丹始终坚信，越是平凡的岗位越能脚踏实地闯出一番天地。

宋丹每天伴着虫鸣蛙叫研读专业书籍，勤练基本功。通过不懈努力，宋丹很快实现了从水文新兵到观测能手的跨越。仅仅一年多时间，她就成为业务骨干，能在一分半钟的时间内完成经纬仪架设，精准捕捉到每一个浮标，无跑标现象；不仅遇超标洪水时能高质量完成流量测验任务，所有项目的测验测量都能够快速准确完成。

宋丹（右二）在鄂坪水库现场除险
（舒早平　摄）

因表现突出，宋丹在工作第二年就被十堰市水文水资源勘测局评为优秀工作者；第三年，她已能独立完成水库的资料整编工作，并先后解决了竹山水文站受顶托影响推流方法，孤山水文站、鄂坪水文站流量单值化等难题，极大提高了流量测验效率。

多年来，宋丹多次获得省部级、国家级表彰：2012 年、2014 年被湖北省总工会授予“湖北省技术能手”称号；2015 年被水利部授予“全国水利技术能手”称号。

攻关创新，成果斐然

面对成绩，宋丹始终在思考，如何把自己的专业知识提升到新高度。围绕水文生产技术难点和薄弱环节，她开展技术攻关，为水文发展贡献力量。

宋丹负责的导向标准断面法研究，解决了十堰河水文站流量单值化问题，大大减少了流量测次，解决了劳动力问题。此方法为湖北省首次使用，后被兄弟单位借鉴用于水文预报，探索出省内水文监测新路径。

宋丹先后主笔编写了《竹溪县白沙河水资源论证报告》等 30 余本重要技术报告，承担了张湾区大峡河“一河一策”外业查勘、房县堰塞湖内业分析计算、竹溪县山洪灾害调查、中小河流站外业查勘等重大项目的分析研究工作，在技术实践领域大显身手。

水库除险，江河安澜

2021 年 8 月，因暴雨洪水影响，位于陕鄂交界处的竹溪县鄂坪水库来水急剧增加。8 月 29 日，鄂坪水库溢洪道泄槽段末端与挑流鼻坎反弧段的连接段被冲毁，危及溢洪道及水库坝体安全。与此同时，上游持续强降雨，如不能及时泄洪，大坝安全堪忧。十堰市水文水资源勘测局接到通知后，局领导带领宋丹等专家火速赶赴现场。

当天，宋丹和同事们快速完成了第一期《鄂坪水库溢洪道水毁工程应急方案洪水预报调洪演算》；次日，他们又奔赴上游的安康市，掌握各种第一手资料。9 月 5 日，溢洪道抢修完毕，指挥部按照宋丹提供的调度方案进行阶梯流量式泄洪。6 日，溢洪道下泄流量增至 400 立方米/秒，但新修的部分泄洪道出现了险情，此时如不增加原有溢洪道泄洪量，水库水位很快将超设计洪水位，下游百姓危在旦夕。

宋丹和同事们紧急进行调洪演算：只有泄流量达到 600 立方米/秒左右，方能确保大坝安全及泄洪道不出现险情。但是，上游来多少水、最高水位何时出现，这些都需要精准的测报作为决策依据。6 日下午，宋丹带领的团队得出预测结果：最大流量已出现在 13 时，为 1410 立方米/秒，入库流量超过 1000 立方米/秒将会持续至 20 时；最高水位预计在 6 日 23 时至 7 日 2 时出现，最高水位将达到 551.20 米，水位超正常蓄水位时间预计达 18～20 小时。

经过持续会商，指挥部最终采纳了宋丹的预报方案，泄洪量保持为 600 立方米/秒。23 时，水库最高水位达 551.16 米，与预报水位仅相差 0.04 米，出现时间与预报值一致。7 日 2 时，水库水位在预报的时间点准确出现拐点。所有人悬着的心这才放下，洪水安全下泄，险情得以排除。就在上游水库提前关闸的情况下，宋丹的预报与实际时间仅相差 17 分钟。

如今，已成为湖北省水文专家的宋丹仍在用实际行动兑现着当年的诺言，那就是用一生守住水旱灾害底线，保卫人民群众生命财产安全。对于她来说，“江河无恙我心安”既是使命，更是荣光。

◇ 本文发表于 2022 年 4 月 7 日《中国水利报》

◇ 作者：袁源

孙录勤：在北疆热土上接续奋斗

当整装出发成为召唤，在天山以北的热土上，孙录勤播撒下北疆水利事业高质量发展的种子；当接续奋斗成为使命，在美丽额河的润泽滋养下，这颗种子生了根、开了花，更结了果。

2017 年 7 月 30 日，作为第九批中央国家机关援疆干部，孙录勤开启了水利援疆之路。5 年中，他的踏勘足迹遍布北疆大地，与各族干部群众紧紧拧成一股绳，为建设额河美好家园倾心奉献。2020 年，第九批援疆工作队圆满完成工作任务，孙录勤主动请缨转为第十批援疆干部。“是上一阶段的终点，更是下一阶段的起点。”仍在援疆征程上的孙录勤提起这个决定，眼中充满坚定。

“高人”

在新疆额尔齐斯河投资开发（集团）有限公司（原新疆额河建管局），提起来自长江水利委员会的援疆干部孙录勤，同事说：“他是名副其实的‘高人’，政治素质高、业务技能高、管理水平高！”

500 水库、635 水库、喀腊塑克水库、布尔津山口大坝上，总干、南干、西干渠和西水东引一期的水渠旁，都活跃着孙录勤带队巡河、巡库、巡渠、巡坝、巡洞、巡线、巡井、巡闸的身影，“守好四库四渠，当好‘八府巡按’”始终是他对自己和团队的要求。

孙录勤（右三）在北疆供水工程实地踏勘（朱国建供图）

通过“八府巡按”式的调查研究、拉网巡查，孙录勤带领同事们一道分析、梳理并逐步解决维修技改、防洪度汛、应急抢险等方面存在的突出问题，通过多次带队进行安全生产和质量检查，共排查和消除100多处安全隐患和质量缺陷，确保工程顺利完成，实现了“大流量、高水位、低风险、零事故、长时间”的运行目标。

2021年，为全力推进额河建管局转企改制工作，孙录勤带领改革工作专班，提交了一份高质量的《额河建管局转企改制实施方案》。

“解锁”

作业环境复杂，生活条件艰苦，新疆额尔齐斯河投资开发（集团）有限公司是个典型扎根西北边陲的野外作业单位。孙录勤始终牢记一名共产党员的初心使命，2019年，针对部分外业单位党建工作边缘化、空心化的现象，他提出了“管好工程，必须建强支部”的思路。

通过抓党建促业务，孙录勤创造性地提出“把支部建在坝上、建在渠边、建在洞口、建在TBM机旁、建在南疆工作一线”这一具有额河特色的党建工作方法，使全局27个基层党支部实现了党建、业务、维稳和群众工作的深度融合，找到了全面提高党建工作的“钥匙”。额河建管局“支部工作法”获水利部政研成果一等奖，被评价为“彰显了单位特色，实现了深度融合，值得全国水利系统野外单位借鉴”。2020年，“支部工作法”又获新疆维吾尔自治区党委直属机关工委的党建成果一等奖。

2019—2022年，孙录勤带领团队推进单位文明创建工作，使额河建管局先后荣获自治区文明单位、全国水利文明单位和全国文明单位殊荣。2022年，由孙录勤主导的“民族一家亲，人水共和谐”志愿服务项目，不仅成为额河传播好声音、弘扬主旋律的重要载体，还在第六届中国青年志愿服务项目大赛中荣获节水护水志愿服务项目一等奖。

“架桥”

从荆楚大地到天山脚下，湖北与新疆始终心连心。在第一次援疆干部见面会上，孙录勤说：“要在加强内地边疆合作上作桥梁。”额河建管局主管的北疆供水工程规模宏大、技术复杂，亟须一流的队伍进行建设管理，他援疆后不久，就积极促成额河建管局与长江水利委员会陆水试验枢纽管理局签署战略合作协议，建立起多层次的技术和管理沟通交流机制。

2018 年，通过“一联双促”活动，孙录勤将南水北调中线管理局“标准化管理”的成熟经验引进额河，将改造后的“635”工程溢洪道闸站、顶山分水枢纽等项目打造成标准化建设的样板工程。2019 年年初，在他的推动下，陆水试验枢纽管理局在精细化管理方面的成熟经验被引进额河，形成了党的建设、运行管理、安全生产、综合保障四大类、数万字的千分制考核制度体系和操作手册，为额河建管局新阶段高质量发展奠定了基础。

援疆工作还有一年。“新疆就是我的第二故乡，我们都是额河人！”在原创散文《额河，我来了》中，孙录勤向北疆热土深情告白。

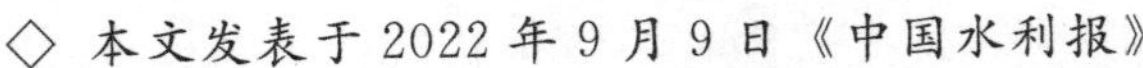

◇ 本文发表于 2022 年 9 月 9 日《中国水利报》

◇ 作者：杨莹

孙杨：防汛“守夜人”

说到防汛，人们脑海中最先跳出的，往往是风雨中坚守在街头的各类防汛工作者。其实，还有一群防汛“守夜人”，无风无雨时，他们外出踏勘、收集信息、分析数据、制定预案；暴风雨来袭时，他们时刻监测雨情，及时发布调度指令，默默守护城市的安全。

北京市水务应急中心预案管理科科长孙杨就是他们中的一员。从业12年，孙杨先后参与300余场暴雨洪水的防御过程，为维护首都城市防洪排涝安全和人民生命财产安全作出了突出贡献。

2022年7月27日，北京迎来强降雨，多区发布暴雨黄色预警。晚上11时许，市水务应急中心的防汛值班室里依旧灯火通明，孙杨和同事们一边监测雨情数据变化，一边和各水管单位沟通，发布、调整调度指令。到此刻为止，孙杨已经忙碌了近8个小时，而这样的状态，可能还会持续一整夜。

“北京的雨总是喜欢夜里下，像这种晚上的值班我们就叫‘瞪眼班’，因为睡不了觉。”每年进入汛期，孙杨和同事们都有一个重要任务——应急值守。每当有强降雨时，他会和同事们在值班室里随时监测河道、水库、水利设施等，及时下达调度指令、报送信息，直到这场降雨结束。

2018年7月23日，正值“七下八上”主汛期，气象预报“安比”台风即将来袭，会对北京东部地区造成重大影响。孙杨带领团队，经过繁复又精细的模拟演算，推算出平谷区海子水库的水位将因这场台风而上涨3.27米，如果调度不及时，洪水瞬间倾泻而下，将严重危及下游河道周边群众的生命财产安全。从7月16日起，北京接连遭遇3场强降雨，孙杨一直坚守在值班岗位上。看了一眼推演结果，孙杨还是留在了值班室。

“现在是50个流量，（闸门）可以再提一点儿。”“100个（流量）了，下游河道情况怎么样？还得再放点儿，水库水位涨得还是很快……”一整晚，孙杨实时监控水情态势，不停地通过电话、视频和水库现场人员沟通，随时调整调度指令，确保洪水平稳安全下泄。次日凌晨，最后一道调度指令下达后，孙杨依然没有离开，直到雨停，确认了水库工程和下游河道安全，周边村庄也没有受到影响，他才揉着通红的双眼走出值班室。

“就不能趁没事儿的时候打个盹儿吗？”面对这样的问题，孙杨笑了，“哪有时间啊，雨情随时在变，预警信息、调度指令、文字材料……很多工作要做的，没空儿睡觉。”

孙杨所在的预案管理科，主要负责水务系统防洪排涝总体预案方案制定、水旱灾害防御的统筹部署等工作，要对汛期防汛的整体工作部署进行“顶层设计”。“这对保证整座城市和人民群众生命财产安全非常重要，要是真的等出现了灾害事故再去临时想办法应对，根本来不及。”孙杨说。

2017 年 6 月的一天，门头沟区石羊沟跨界沟道突发山洪。刚刚结束了夜班的孙杨，在清晨又紧急赶往受灾现场，参与应急处置和灾情查勘，第一时间掌握水情汛情，汇总分析，为决策提供有力支撑。“当时北京没怎么下雨，但河北下得大，水顺着跨界沟道过来了，才导致出现灾情。那个时候，跨界沟道的监测确实还存在空白。”孙杨说。

事故发生后，水务部门吸取教训，迅速补齐短板，对全北京 30 条跨界沟道实施监测。孙杨和同事们前往上游河北境内实地考察，收集沟道的地理条件、水文现状、周边村落及人口等信息，选取合适的点位设立监测站点。第二年汛期前，30 条跨界沟道全部实现了实时监测管控。孙杨还牵头起草了《北京市跨界河道洪水调度工作机制》，推动建立北京市山洪灾害风险预警体系，制定与气象部门的合作框架协议，对接联合发布预警，逐步实现预警向行业内部、社会公众发布。

“作为战斗在防洪战线的公务员，这么多年，大家都为践行‘人民至上，生命至上’而奋斗着。”孙杨说，他将不忘初心，做好防汛“守夜人”，时刻守护河湖安澜和城市安全！

◇ 本文发表于 2022 年 9 月 17 日《北京日报》

◇ 作者：王天淇

他们：秋汛来了，看他们乘风破浪、披荆斩棘！

2021 年，汉江秋汛来势汹汹，长江委水文局汉江局十堰分局根据防汛测报需要，立即组建突击小组，小组由刚刚做完手续还未康复的分局副局长徐利永、已退休又返回岗位的测船轮机长赵学武等 7 名成员组成。秋汛期间，他们坚守白河水文站，历经多轮洪水考验，搜集到了完成准确的水文数据，为汉江流域安澜提供了基础水文支撑。

9 月初秋，天黑得更早了，晚上 7 点，汉江两畔的高山已和漆黑的夜空融为一体，天空中飘着淅淅沥沥的阴雨，江里奔腾肆虐的洪水不停拍打冲击着两边的堤防，咆哮声不绝于耳。地处秦巴山脉深处陕西省白河县内的长江委水文汉江局十堰分局白河水文站，此刻灯火通明。

始建于 1934 年的白河水文站，不仅是汉江上最早设立的水文观测站之一，也是丹江口水库重要的入库控制站，对于汉江流域防汛至关重要。随着测验方式方法的不断改善，白河水文站日常测验基本采用巡测管理模式。8 月 21 日以来，汉江上游持续降雨，秋汛来势汹汹，防汛形势日趋严峻。为做好洪水期间防汛测报各项工作，十堰分局迅速行动，及时将白河水文站调整为驻测管理模式，一个突击小组随即组建，开启了与这次秋汛的“斗智斗勇”。

“准备工作充分，心里才踏实”

8 月 30 日 0 点，丹江口水库入库流量涨至 23400 立方米/秒，是 2012 年以来丹江口水库最大入库流量。白河水文站高洪测报工作正紧张有序地进行着。“虽然这次秋汛持续时间长、洪水强度大，但我们对做好高洪测报工作还是很有信心的，充足的备品备件、良好的设施设备状态、完善的高洪测验方案……这些扎实的汛前准备工作可以说为此次迎战洪水打下了很好的基础。”十堰分局副局长徐利永作为此次驻站小组中的一员介绍道。因为身体原因，8 月初徐利永在武汉接受了手术治疗。眼见汛情如此紧张，徐利永顾不上还没有完全恢复的身体，主动请缨上阵，他的加入，给驻站小组吃了一颗“定心丸”。

突击小组抢修仪器设备

小组里还有一位成员，堪称“设备达人”，他就是十堰分局副局长魏伟。白天他要在十堰分局下属测站之间来回，随时检查仪器设备运行是否正常，有时连午饭也顾不上吃，就是为了保证洪水来临时能够测得到、测得准、报得出、报得及时。“新仪器新设备在今年汛期发挥了很大作用，上津水文站、茅坝关水文站都收集到了建站以来的最大洪水资料，我们水文现代化、信息化成效越来越显著。”说起最爱的仪器设备，魏伟很是感慨。

“只有各方面准备工作做充分了，心里才能踏实。”这是大家追“峰”逐浪的底气。

“就是要和洪水比速度”

俗话说物以稀为贵，现在驻站人员一共 7 人，可站房里只有四间卧室，照理说房间应该十分抢手。可这一次，房间的使用率十分低。为了保证测船的安全，两位船员即使在晚上也是守在船上，浊浪滔滔，船舶很难保持平稳，“不仅如此，晚上每隔一段时间，我们要检查一下缆绳是否正常，检查周围江面有没有漂浮物，想要好好睡觉基本是奢望。”水文 058 测船船长杨勇说。另外，山区性河流水位陡涨陡落，对流量施测时机要求很高。“过来以后几乎每天都会夜测，强度最大的一晚从凌晨到天亮测了四次，我们四五个人轮班倒，困了就在办公室打个小盹，累确实是挺累的，但作为党员，特

突击小组进行夜间缆道测流

别是一名年轻的党员，这种关键时候就是要站出来、顶上去。”十堰分局巡测组中唯一的女组长，也是此次驻站中唯一的女生兰蓓蓓说道。

9月5日凌晨2点，白河水文站水位达到185.48米，又一轮夜测开始了。打开探照灯，瞭望员全神贯注地观察着江面情况。缆道操作员张显立启动水文缆道控制系统，检查流速仪信号是否正常，500千克重的铅鱼被吊起来沿着缆道缓慢前进。“快到水面了，安全。”得到确认后，张显立操作控制台将铅鱼放入水中，并通过水文愿景系统（WISH系统）注视着水面的变化。第一条垂线、第二条垂线……兰蓓蓓在一旁认真地记录。历时近1个小时，测流顺利结束，大家收拾整理好资料离开缆道操作房来到办公室，立马对数据合理性进行分析检查，并上报测量结果。

“我们休息，洪水可不会休息，要收集到完整的水文数据，就要和洪水比速度。”这是大家不必言说的共识。

“退休不退岗，我要回来陪大伙儿一块儿战斗”

2021年上半年，水文058测船轮机长赵学武退休了，大家总是习惯亲昵地称呼他老赵。原本应该在家好好享受退休生活的老赵，在听闻白河水文站将出现超过10000立方米/秒的洪峰时，立即收拾好行李，赶到站上帮忙。作为一名长期扎根一线的老轮机长，赵学武有着丰富的行船经验，轮机设备有没有故障、船舶停靠位置的选择……老赵绝对算得上行家。有他在机舱照看好测船的“心脏”，也是为行船安全加了码。“虽然我退休了，但是水文工作有需要，我可以随时再上岗，高洪期间水文站工作量大，人手很紧张，再说，跑了40年的船，有感情啊，我舍不得我的老本行，也舍不得大家。”

老轮机长再上阵

“退休不退岗，余热不减量。”这是水文人的情怀。

“小插曲？不存在，办法总比困难多”

从8月21日开始，驻站小组吃住都在站上。测员李九如的一手好厨艺可是派上了大用场，除了参与日常测验外，他主动兼职当起了厨师。不仅如此，车辆驾驶、物资采购、仪器设备维修等各种后勤保障工作中都有他的身影，他可以说是驻站小组里的“最强辅助”。进入秋汛以后，雨水“超长待机”，空气湿度变大，气温也开始下降，正是蚊虫飞蛾出没的大好时机，即使长衣长裤包裹也挡不住它们的进攻，胳膊、手、腿、脸，无一幸免。在付出各种各样疙瘩的代价后，大家终于发现风油精才是对付蚊虫叮咬最有效的东西，它也因此晋升为驻站组员人手必备的“神器”。驻站期间，停过水、断过网，而且一停一断就是三四天，大家囤好桶装水优先保证喝水做饭，用手机热点传输数据，这样类似的小插曲还有很多很多。

“最强辅助”上线

“长时间连续的驻站测验既考验体力，也考验脑力，生活工作也会不时给我们打个岔，但办法总比困难多，每通一关，心里都有浓浓的满足感。”这是大家保持最佳状态的秘诀。

驻站小组已经在这里超负荷连轴转了 17 个日夜，他们身上折射出了长江水文人的坚韧、果敢和团结、奉献。绵绵阴雨还在时不时往下落，秋汛还没结束，他们仍在战斗……

◇ 本文发表于 2021 年 9 月 8 日《工人日报》

◇ 作者：钟兮、刘月、尹世铎

他们：迎风破浪抵狂洪　镇河凤凰保安澜

在河南省的台前影唐险工，一尊红色的凤凰静静地卧在坝头，目光注视着滚滚而去的黄河水，一如台前黄河人在治河防洪抢险的道路上百折不挠、坚忍不拔。

在坝头上吃饭的抢险队员们

2021 年注定是极不平凡的一年，更是刻骨铭心的一年。9 月下旬，黄河中上游地区出现多年罕见的秋雨，黄河下游已经经历了 20 天的洪水，黄河台前段最大流量达 5100 立方米/秒。面对洪水来袭，台前黄河河务局全体干部职工在局党组的带领下扛牢责任，闻令而动，众志成城，突显抗洪力量，彰显家国情怀。

镜头一

面对连绵秋雨，面对暴涨水位，为迅速适应应急管理新机制，理顺防汛体制机制，全面落实以行政首长负责制为核心的各项防汛责任制，9 月 26 日，省局防汛视频会议结束后，台前黄河河务局局长连阳及时向台前县县委书记王俊海汇报当前台前黄河汛情、水情、工情。

抢险队员们装填铅丝笼

面对大流量洪水过程，台前黄河河务局各职能组迅速反应，各司其职，争分夺秒落实会议部署，细化责任分工，强化具体工作措施。大家个个打起精神，办公楼内急促的脚步声与激烈的讨论声交织在一起，共同谱写出一篇铿锵有力的乐章，拉开了迎战黄河第 1 号洪水的大幕。

宁可备而不用，绝不用而无备。连阳举例说，“现在台前黄河河务局靠河工程按照要求分为 50 单元，落实专业人员 209 人、抢险设备 84 台，架设照明线路 20.697 千米，安装公示牌 50 个，印刷巡坝查险手册 1000 份、巡坝查险明白卡 1000 份，发放防汛安全明白卡 200 份、宣传条幅 100 条、安全警示牌 50 块、救生圈及救生绳 100 套，上级领导安排的，我们会不打折扣地贯彻到底。”

检查台前河道工程

从 9 月 26 日开始，连阳一直带领台前黄河水务局上下干群同心，众志成城，共同奋战在台前防汛抢险的第一线，守险工、保护滩、防洪水，每一处隐患点、每一个险情处，到处都有连阳的身影。

镜头二

梁东波，台前黄河河务局主管防汛的局长，统筹全局人员分配，物资调配，水情、险情分析研判，各处工程除险加固和险情抢护方案。

自 9 月 26 日，他从未睡过一次囫囵觉，办公室就是他的家。工作没有做完时，梁东波的内心总是不踏实。“我连睡觉都不舒服。”他感慨道。他会在每晚临睡前，躺在床上梳理一下今天做了哪些工作，还有哪些工作没做完，没做的需要怎么做。怕事情遗忘，梁东波在手机备忘录里随时记录着要做的任务。他丝毫不觉得自己的治黄工作是枯燥的，相反，他觉得是很有意义的，并深深地爱着这份工作。

9 月 30 日，梁东波接到白铺护滩工程出险的通知，他一边迅速赶往出险地点，一边电话紧急调度抢险队员，采用抛柳石枕和抛散石的方法对白铺护滩工程进行加固，一直到第二天早上 5 点，才完成对白铺护滩工程的加固。10 月 3 日，白铺段因大溜顶冲发生坍塌险情，梁东波又亲自带领抢险队员采用铅丝石笼进行加固，一直到深夜都顾不上吃饭，看到工程抢护完之后，才拿起已经凉透的盒饭吃上两口。当看到满脸憔悴、疲倦的梁东波时，大家都是满眼的心疼。

梁东波除了白天往返各河道工程与黄委、省局专家组共同制定除险加固方案、落实除险加固工作外，晚上还忙着与台前县应急局对接工作，看到照明设备、除险加固、预置机械、巡坝查险等工作做到“事事见成效”，他特别高兴。

镜头三

黄河台前段位于河南境内黄河的最下游，河道全长 68.5 千米，具有点多、面广、线长的显著特点，河势多变，比降较缓，排洪挟沙能力低，两岸堤距上窄下宽，所辖河段为“地上悬河”。因白铺、姜庄等滩区地势较低，极易漫滩，台前黄河河务局面临极大的考验。

郭勋，白铺护滩工程带班科长，9 月 29 日下午，台前白铺护滩工程出险，台前黄河水务局紧急行动起来，组建了“防汛抢险突击队”。在白铺护滩重点段，挖掘机、装载机、自卸车的轰鸣，嘈杂的人声，激越的河水淘刷声相互交织。郭勋带领着抢险突击队员积极投入到拉铅丝网片、填装块石、抛投铅丝石笼、加固护滩等防汛任务中。“快！把这段加固垫高!”“把铅丝拧好!”……在白铺岸边上，党员突击队员们紧张有序地忙碌着。战斗一直从下午持续到夜晚，现场的每一个人，全身都被雨水、汗水、泥水浸透。

一件雨衣、一双雨靴、一支手电、一把铁锹，是每一位抢险队员的“标配”。这些“可爱的人”身着迷彩服和厚厚的救生衣，同时保证行动迅速、高效抢护，即使出现手腕拉伤等症状，也从未有一人退缩，一人掉队。他们连续数日奋战在防汛一线，全力抢护险情，避免了白铺护滩漫滩。郭勋和抢险队员们用自己的汗水和日夜的守护，换来了夹河滩区人民群众的安居和乐业，他们以“特别能吃苦、特别能打仗”的精神，再次彰显了“台前黄河铁军”的风采。

镜头四

魏坤明，梁路口控导工程带班科长，他带领班里巡查人员发扬顽强拼搏、连续作战的精神，坚持 24 小时值班、查勘河势、查看水位、巡坝查险、除险加固。

“这次洪水过境，台前黄河流量一度高达 5100 立方米/秒，河道行洪压力大。昨天台前又突降大雨，给防洪工程造成一定损坏。我们正组织工人修复工程，全力筑牢黄河防汛安全‘堡垒’。”魏坤明一边说着，一边指挥着队员抛石加固坝坡。

魏坤明跳入黄河清理水草

魏坤明作为一名党员干部，他严格执行防汛责任制，面对严峻水情，全面推行拉网式、地毯式巡坝，严格做到“四勤”（眼勤、耳勤、手勤、脚勤），时刻观测水情、雨情，仔细查找每处坝垛的隐患点。他和巡查人员手不离锹、锹不离手，发现险情及时处理。巡查人员呈“一字形排列”，徒步查险，不放过任何一个角落。

当水草、树枝围住了水尺，严重影响到观测水位，面对波涛汹涌而又寒冷刺骨的黄河水，魏坤明说道：“我是党员，我先上。”他立即脱下厚厚的大衣，纵身跳入冰冷刺骨的黄河水中，经过几分钟的处理，魏坤明处理干净了水草及树枝，自己冻得脸已经发白，浑身无力倒卧在地上。魏坤明的事迹在台前黄河水务局微信群等平台传播开来，全局职工为他点赞。

镜头五

汪文虎，台前黄河河务局防汛办副主任。“现在汛情局势这么严峻，各种不确定因素随时发生，请河道职工在不间断巡查的基础上，晚上继续对重点防洪工程加密巡查观测次数、加大巡查力度。”这是汪文虎发的防汛通知。

本来工作时间紧、任务重、压力大，还需要保证每项工作高标准、高质量、高效率地完成，加之白天的除险加固、河势查勘、水位观测、滩唇出水高度测量以及河道巡查等各项工作，汪文虎已是筋疲力尽。为了给分析河势演变规律提供准确可靠的一手资料，晚上回来后，他继续将河道巡查情况、工程观测相关数据进行整理记录，并与上次观测到的数据进行认真的分析比对。这些工作做完已经到了深夜，他已经不眠不休地连续作战了 20 多个小时。由于连续几天都没能按时吃饭，他变得日渐消瘦。但为了不耽误工作，第二天一早他还是赶到防汛一线开展工作，从清晨物资调度到工程除险加固，再到夜间防汛视频会议，都有他的身影。累了在车内小憩一会儿，饿了吃碗泡面成了他的生活常态。

回顾 20 天的洪水搏击战，无论是挑起大梁的防汛骨干，还是执著奋战的青年职工，他们都对台前黄河充满了热爱，并用自己的忠诚守护着黄河安澜。接下来，他们还将继续发扬团结、务实、开拓、拼搏、奉献的黄河精神，打好防汛抢险收尾战，确保台前黄河的平安。

◇ 本文发表于 2021 年 11 月 19 日中国水利网

◇ 作者：贾传岭

他们：远处走来熟悉的身影

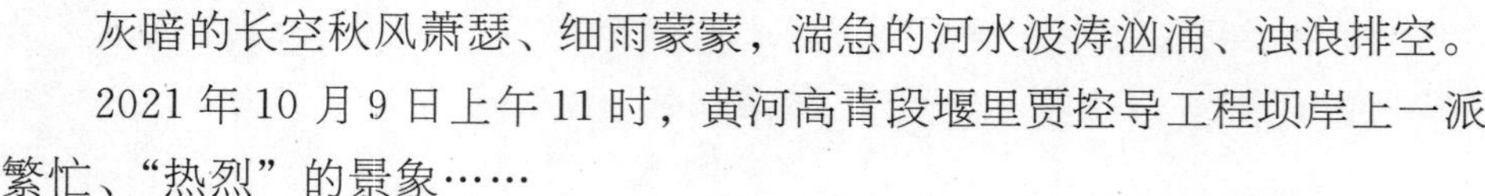

灰暗的长空秋风萧瑟、细雨蒙蒙，湍急的河水波涛汹涌、浊浪排空。

2021 年 10 月 9 日上午 11 时，黄河高青段堰里贾控导工程坝岸上一派繁忙、“热烈”的景象……

受黄河中下游强降雨影响，淄博黄河河道 5000 立方米/秒左右的过境洪水已流淌近 10 天了。黄河淄博段严峻的防汛形势受到当地媒体和社会各界的广泛关注。这不，中国人寿财产保险股份有限公司淄博市中心支公司为坚守在防洪一线人员送来了方便面、火腿肠、矿泉水等生活用品，向抗洪人员表达慰问和敬意；淄博电视台、大众日报淄博融媒体中心、大众网等多家媒体记者，正“长枪短炮”地对巡堤查险的专群队伍、防汛专家进行采访、拍照，都想第一时间把现场情况播报给关心此次大洪水的民众……

透过忙碌的人群，一个熟悉的身影正带着一支查险队伍从远处沿河走来，原来是退休多年的淄博黄河河务局原工会主席董鲁田。一问才知道，汛情同样牵动着退休在家的老同志的心。

人之愈深，情之愈浓，因为理解，所以深爱！和黄河打了一辈子交道的董鲁田，毫不夸张地说，他对高青段的每一处工程都了如指掌，是名副其实的防汛专家。他每天都在关注着黄河的水情、雨情、工情等动态，时刻牵挂着黄河防汛情况。当他得知洪水已进入缓慢落水期的时候，以他多年从事防汛工作的丰富经验，深知越是落水期越是工程出险多的时候。他在家里开始坐不住了，不顾自己多年的慢性疾病，主动请缨到黄河一线实地查勘黄河工情险情。

由董鲁田老专家和淄博黄河河务局副局长、总工程师武模革，以及高青黄河河务局总工程师孟祥涛等技术权威组成的“落水期工程险情预判专家组”，带领年轻的技术人员沿河而上，徒步丈量，实地查勘每一处黄河工程。一路上，专家组走走停停，采用“望闻问切”的方式（通过观察水势、主溜、出水高度，查看坦石坡度、坝顶有无裂缝、坦坡有无沉降等运行状况；通过探听水流声音，投放石块探听水深，预判根石是否走失；通过询问工程历史沿革、洪水前是否缺石、洪水中预加固情况，预判险情隐患；随后专家们相互切磋、分析研判，预筹防守措施、加固抢护方案)，逐段逐坝进行分析研判，现场拟定防守抢护建议方案，随时叮嘱顺堤巡查人员加强易出险坝段的观测，及时发现险情、及时抢护险情，做到抢早抢小，确保工程不跨坝。

"老中青"专家队伍查看河势

在堰里贾控导工程，面对出水高度只有 65 厘米的 3 号、4 号坝裆，当有人问及此处是否为黄河坝面出水高度最低点时，他笑着说："这里可不算，翟里孙控导 2 号坝、段王控导 5 号坝、大郭家控导 3 号和 4 号坝，以当前的大流量出水高度都不足半米。"董鲁田如数家珍地解释道。

走到堰里贾控导 10 号坝上垮坝尖处，看到湍急的大溜，他停下来对随行的年轻技术员张元培、张健说："你们看，在这个位置上、下垮之间水位相差半米多，是整个高青河段大流顶冲最严重的地方。"他说着弯下腰来"现身说法"，教授年轻人如何通过"望闻问切"来识别、预判工程险情……

他们利用 3 天时间，对刘春家、大刘家、马扎子三个管理段 2 座涵闸、2 处险工、7 处控导工程，累计 198 段坝徒步全面查勘一遍。先从下游开始，沿河而上查勘翟里孙、堰里贾 2 处控导工程和刘春家险工，全程累计徒步 7 千米左右，随后的查勘任务更重，每天大约都要徒步七八千米的路程。

望着这支"老中青"三结合的专家队伍沿河查险的背影渐行渐远，一股深深的感动涌上心头，暖暖的！

◇ 本文发表于 2021 年 10 月 11 日齐鲁晚报·齐鲁壹点

◇ 作者：韩梅、张健

他们：咫尺守护

“守护一条河，需要多远的距离？”

“近在咫尺。”

秋汛忽至，安澜长守。山东利津治黄人正在用近在咫尺的距离，守护逶迤万里的黄河。

半米是时刻牵挂的距离

2021 年 9 月 30 日凌晨 4 点半，月光皎洁，睡意阑珊。集贤管理段段长殷和亮摸起手机，看了一眼利津水文站的最新流量。

“4 点，4292 立方米/秒，又涨了。”殷和亮口中念念有词。他一骨碌从床上爬起来，轻声摇醒同宿单位的职工李松涛，两人利索地穿好救生衣，提上探照灯，驱车赶往距离 6 千米以外的中古店控导工程。

“咱黄河上讲‘五时’，其中‘黎明时’大家最容易疏忽。不去河边看看，我这心里不踏实……”刚过 40 岁的殷和亮已不记得从什么时候开始，睡眠时间竟缩短到 4 个小时，凌晨 4 点多的自然醒成了常态，即便一天不休息，偶尔的倦意也丝毫不影响他满身的干劲。

凌晨 5 点，集贤管理段联合下沉驻守人员查看中古店控导工程（李松涛 摄）

时针拨过凌晨 5 点，霞光初露，惊涛拍岸。

殷和亮刚下车，恰好碰上驻守崔庄控导工程守险房的下沉值守职工，他们刚从崔庄控导工程一路巡查而来。短暂的寒暄后，殷和亮带头深一脚浅一脚地踏着泥地，掠过露水，直至走到距离河水仅有半米远的地方，才停下来。

探照灯的亮光直直地射入水中，翻滚的叠浪呼啸着逼近脚下。殷和亮向前探身估算控导工程出水高度，又立直凝视远处河面溜势情况，当看到一切平稳又安定，紧缩的眉头才稍稍舒展开来。

“离得越近，看得越清楚，心里才越踏实。”同行的职工劝他别靠水面太近，注意安全，他这样回应。

就这样，殷和亮和同事们始终紧贴着这片宽阔又波澜的水面走走停停，直到东方破晓，白昼来临。

1 米是砥砺防守的距离

10 月 1 日，国庆节。已经连续十多天没回家的宫家管理段副段长黄林建，一直在五庄控导工程来回奔波，协调机械和人员，打问土场地址，调运抢险料物……他又在为接下来的控导工程预抢护作业进行着全方位的准备。

五庄控导工程坐落于河口地区 30 千米窄河道的入口处，河水行至此处，河道变窄，水流湍急，浊浪腾空，声震四方，一度成为每年汛期的防守重点。

随着来水不断上涨，此时的水面已接近控导工程坝面，为了确保工程安全，防止发生漫溢险情，临河修筑子堰、预先实施抢护已迫在眉睫。

“黄段长，我们来支援抢护了！”数十名机关职工赶至五庄控导工程，他们中间有临近退休的治黄前辈，也有年富力强的青年职工。话音刚落，在附近上堤防守的村民也纷纷赶来，一时间，几十名职工群众加入到工程预抢护作业中。

“快，快，土袋装好扎牢，两人一组，把土袋放在这里，一定要摆齐压实……”黄林建望着熙攘忙碌的人群，全然不顾满身的疲惫，用沙哑的嗓音叮嘱搬运土袋的同事，又不时地提醒大家注意安全，而他却一直站在子堰内侧指挥作业，身旁的浪花仿佛随时能扑过低矮的坝岸，打湿他沾满泥土的双脚。

宫家管理段驻守人员进行五庄控导工程预防护作业（崔慧滢　摄）

很快，太阳隐去了光芒，星光布满暗夜，8 个小时倏忽而过。当层层叠放的土袋依次排开，宽大的土工布覆盖其上，轰鸣的机械将土层压实，一道长 200 米的宽厚坚实的土袋子堰拔地而起，稳稳地伫立在距离河面仅 1 米之遥的地方，在探照灯的辉映下格外瞩目。

时间在一分一秒地向前推进，连日来没睡过几个囫囵觉的黄林建眼中布满了血丝，他催促大家回管理段休息，自己却朝着反方向而去。“我去丁家控导工程看一眼，不看不放心！”没等众人劝阻，他便驾车奔向前方，只留下一道渐行渐远的光。

10 米是日夜不休的距离

10 月 2 日，参与利津黄河河务局下沉值守的职工林玉军、张长瑜和于群，已经在王庄管理段东坝控导工程守险房里驻守了 5 天。

这是一处距河不足 10 米远的钢板房，出门往前走十几步便到了岸边。外墙上张贴的“驻守点”红底黄字赫然醒目，不到 6 平方米的房间里挤下了 1 张木质书桌和 3 张硬板床，这是他们的全部“家当”。

“我们三个人一组，主要负责每天下午 6 点到第二天 8 点间的工程巡查工作，晚上基本不睡觉，巡查一圈回来，累了就靠在床上歇一歇，不是不想睡，是心里惦记，不敢睡也不能睡。”作为巡查小组长的林玉军说道。

“三个人通常一起出去，相互有个照应，东坝控导工程约距 3.4 千米，来回走一趟就要接近 2 个小时，再加上探摸根石、观测水位、查看河势等工作，怎么也要 2 个多小时。最近这几天，我的微信步数可是遥遥领先啊！”正忙着记录观测数据的张长瑜抬头接着说。

“前几天给爸妈打了电话，说是等过了汛期再回去，今天还拍了视频给他们看，他们可没见过这么大的黄河水，都说让我安心工作，别着急回去。”家在威海市的于群已守着黄河度过了 3 个汛期，“防汛在前头，假期往后排！”对于群而言，洪水不仅教会他恪尽职守，更带给他更多的成长。

值守人员 24 小时驻守守险房

（崔慧聪　摄）

在利津黄河段绵延 74 千米的河道旁，同样坐落着 4 处守险房，它们白天填满闷热，夜晚迎接蚊虫，可驻守在这里的十几名治黄人从未觉得有多辛苦，他们将脚步融入漆黑夜色，把身影藏进澎湃浪涛，无惧浪疾风高，总有灯火守护。

无论是半米的牵挂，还是 1 米的防守，抑或 10 米的守护，利津治黄人始终用距离母亲河最近的距离，将最汹涌的洪水挡在前面，把最安全的大地留在身后，让最广大的百姓看见安澜。

守护有多远？近在咫尺间。

◇ 本文发表于 2021 年 10 月 4 日中国水利网

◇ 作者：崔慧聪

谭大凡：驻守深山29年　用军人本色守护一库碧水

沿着乡间公路，伴着潺潺流水，车辆向上而行，海拔渐高，经过一个多小时的车程，一颗翡翠的“明珠”——四十二坝水库跃然眼前。青山环抱、绿水悠悠，极目远眺下的四十二坝水库在蓝天白云的映衬下绘就了一幅绝美的生态画卷。

“画卷”内，建始老兵谭大凡扛着网兜，牵着他的狗，和无数个日子一样，消失在小路的尽头。

他，是这幅生态画卷的“执笔人”，四十二坝水库的“守坝人”。

脱下军装还是兵

“喂，这里不能钓鱼，不能野炊，你们赶紧出来!”一声大吼，打破了海拔1729米大坝的宁静，谭大凡正在劝离在水库游玩的市民。每逢天气晴朗的节假日，便是他最忙碌的日子，这样的日子他重复了29年。

时光镌刻着奋斗者的足迹。1993年8月，从部队退伍不久的谭大凡来到山大人稀的四十二坝水库，成为一名水库管养工作人员，没想到，这一干他便将自己的整个青春倾洒在高山大坝上。

“刚到四十二坝时，完全傻眼了，想到了条件会很艰苦，但没想到会这么艰苦。”谭大凡回忆起25岁时初到四十二坝水库的情景，点点滴滴，历历在目，“当时坐了一个多小时的车，又爬了一个多小时的山才到四十二坝管养所，房子外墙都是用泥巴粉刷的。”

不通车路，荒无人烟，吃住在岗，没有任何娱乐设施。在那个没有手机的年代，四十二坝水库就恍若与世隔绝，对于年轻的谭大凡来说，更是孤寂难熬。

脱下军装还是兵，无非是换了一个保家卫国的战场。“在哪里工作都一样!”谭大凡很快便调整好自己的心态，投入到全新的工作中。

严冬坚守护安澜

“你们后面慢一点，注意脚下安全。”白雪皑皑，一串醒目的脚印延伸到视野的尽头，从过膝的雪地里拔出湿漉漉的脚，谭大凡和他的同事们背着几十斤的物资艰难地前进着，这一幕是每一年冬天都会在大坝上重复“上演”的镜头。

由于海拔较高，整个冬天，四十二坝水库有长达 4 个月的时间被大雪覆盖，大部分地区雪的厚度超过 20 厘米，车辆到达二级站后便无法行驶，谭大凡要和同事背着物资步行近 2 个小时，到达大坝后身上被汗水打湿，脚上也已被雪水浸透。

与世隔绝，最近的农户离大坝也有 3 千米左右，冬季常常一个多月都看不见一个陌生人。2009 年以前，生活用水也只能靠融化冰块，生活条件异常艰辛。

2000 年，山上的高压铁塔不堪大雪的重负被压倒，这对于取暖做饭全部依靠电能的谭大凡和同事们来说无疑雪上加霜。由于大雪封山，抢修设备无法运进大坝，那个冬天，谭大凡和同事们就着咸菜整整吃了半个月的烧土豆。

谭大凡（左一）和同事们背着物资在大雪中行进

“我不觉得有什么辛苦的，习惯了就好。”谈及生活条件的艰苦，谭大凡淡然一笑。他拿着铁锤，在大坝的水位监测点手起锤落砸开厚厚的冰层，查看刻度，用手机向县水利局报告数据，“喂，今天的水位是 1718 米”。

守护“明珠”亮底色

随时监测水位，掌握大坝库容，汛期前对大坝进行腾库，确保汛期防洪，枯水季对大坝进行储水，为城区提供备用水，这些都是“守坝人”担负的重要工作。

平时一天只需要两到三次巡查，汛期时，每逢刮风下雨等恶劣天气，是“守坝人”最紧张、忙碌、危险的时候，这时候往往让谭大凡他们彻夜难眠。靠着一代又一代“守坝人”高度的责任心和奉献精神，四十二坝水库牢牢守住了建坝以来40多年零事故的光辉“战绩”。

一条蜿蜒的小路向远处延伸。谭大凡牵着他的狗，和无数个日子一样，消失在小路尽头。

四十二坝水库因为秀丽的风光，被誉为“高山明珠”，正因如此，吸引着大批市民前来游玩，这也给谭大凡他们的管理带来了极大的难度。

谭大凡清理库区垃圾

“你看这里的围网，不知道又是被哪个钓鱼的给剪了个洞。”由于是饮用水源地，水库内禁止钓鱼、野炊，即便设置了2.5千米的围网，还是会被人为破坏。巡查的过程中，谭大凡常常随身带着修补工具，对破坏的围网及时修补。

“水库里主要的垃圾是一些树枝，也有一些游客扔的白色垃圾，最多的一次我们清理了300多斤。”碧波荡漾的水面上，谭大凡驾着一叶扁舟，熟练地用网兜捞出水面上的垃圾。

为了保证水质，谭大凡每天都要驾着小船打捞水库中的漂浮物，清理水库和路边的垃圾，劝退钓鱼、游泳的人是谭大凡和他的同事们最基本的工作。沿大坝巡查一圈需要1个小时，来回约4千米，29年来，谭大凡便沿着这条羊肠小道来来回回走了20000多千米，用脚步守护着“高山明珠”的亮色。

从25岁到54岁，漫长岁月中，谭大凡一份工作干了一辈子，一座大坝守了一辈子，默默无闻地做着高山上的“守坝人”，护一方平安，守一库碧绿。

2022年7月26日，湖北省恩施土家族苗族自治州州委宣传部授予谭大凡“恩施楷模”称号，颁奖词这样写道：“从25岁到54岁，29年坚守四十二坝，2万公里的羊肠小道，你用脚步反复丈量；1260万立方米的水库，你往来无数护她一池碧绿；每年4个月大雪封山，你从未退却，从青丝到白发，你把守坝这样平凡的工作干出了大大的不平凡，‘高山明珠’零事故的光辉‘战绩’，是你作为军人在另一个战场的骄傲。”

◇ 本文发表于2022年5月1日新华网

◇ 作者：李金凤

汤秋鸿：面向国家重大需求 推进水科学创新发展

极端降水、高温热浪……自然灾害背后，人类究竟扮演了怎样的角色？如何在洪涝干旱等灾害中保护人类？从“萍水相逢”到“知水善用”，20多年来，中国科学院地理科学与资源研究所研究员汤秋鸿打开了水与人类之间的一个又一个“盲盒”。

“我喜欢挑战”

1997年，还在读高二的汤秋鸿尝试挑战，参加了当年高考，并填报了清华大学，结果一举考中。就这样，他走进了清华大学水利水电工程系，并响应国家需求，在三峡水利枢纽建设中得到了历练。

随着水资源过度开发导致河流湖泊干涸等生态环境问题，水文水资源研究逐渐成为国家新的重大需求。做水利工程师，还是做科研解决新问题？临近大学毕业，不少同学选择了前者，汤秋鸿则选择了后者。

“我喜欢挑战，凡事喜欢试一试。”这一次，他的选择将人生带向了科研的道路，而他的科研引路人正是时任清华大学教授胡和平。

汤秋鸿与导师胡和平前往塔里木河考察，发现塔里木河有严重的径流散耗现象，越到下游，河水越少，直至下游断流。仔细研究后，他们找到了造成塔里木河下游断流的“根源”——上游农田灌溉过度扩建导致的过度引水，这项研究为汤秋鸿日后将人类活动引入水文模拟研究奠定了重要基础。

汤秋鸿（右）在实验室河流模拟系统调整测针（汤秋鸿 供图）

当时，国际上对自然环境变化的水文响应研究较多，系统考虑人类活动影响的研究则很少。为了更全面深入地了解陆地水循环及水资源演变，汤秋鸿在日本东京大学攻读博士学位时开始将人类用水活动引入陆面水文模型，并在回国后将该成果发展成全球尺度分布式生物圈水文模型。该模型既考虑了自然因素对陆地水循环在全球尺度下的影响过程，又考虑了人类用水活动等在区域尺度下的重要过程。

模型还作为跨部门影响模型，为联合国政府间气候变化专门委员会评估报告提供了气候变化影响评估结果，被国际学术界广泛使用。

回国是初心更是诺言

在国外留学期间，汤秋鸿对知识更加渴望。日本有高性能计算集群，而很多水文模拟的核心技术源自美国，为了学习更前沿的科学技术，2006年，汤秋鸿在博士毕业后前往华盛顿大学从事博士后研究。

在攻读博士后期间，汤秋鸿探索了基于遥感信息的水情监测及季节预报技术，并得到应用。“如果这些科技成果能够服务于中国，我觉得更有价值、更有成就感。我出国的目的很简单，就是去学习先进的科学技术，学成之后服务国家。”

汤秋鸿在出国前就与中国工程院院士、时任清华大学水利系主任雷志栋有一个“君子约定”。这个“约定”与汤秋鸿的初心一致，而且让他更加坚定了自己的选择。2010 年，汤秋鸿回国加入中国科学院地理科学与资源研究所，决心将所学献给祖国的科学事业。

“必须有所创新”

暴雨、洪涝、干旱……为了打通洪旱灾害防御的“最后一公里”，汤秋鸿带领团队开展全球变化影响下水安全风险预估与应对的研究。

针对我国洪涝灾害，汤秋鸿团队研发了全国范围高精细（空间分辨率 500 米，时间分辨率 30 分钟）洪水风险实时监测预报平台，平台可以逐日监测城市内涝和农田渍涝高风险区域。

汤秋鸿深知，全球变化水文学是一个新兴的交叉学科，陆地水循环除了受人类用水活动等因素的影响，还受大尺度环境变化的影响，但目前综合集成自然和人为因素影响的研究还不够深入。要弄清楚水循环与地球系统其他过程的复杂相互作用机制和机理，就好比造车，首先要知道每个零部件的作用，才能开始组装。

汤秋鸿为此带领团队开展了多学科综合集成试验，揭示了陆地水循环系统演变的主要驱动机制，构建了陆地水循环系统演变的数值模拟工具。

“我们希望将水循环变化背后的机理都‘搬’进计算机，把真实地球水循环在超级计算机里数字化重现，科学预测全球水系统演变。”汤秋鸿说。

近年来，汤秋鸿不断挑战自己，拓展全球变化水文学。在他看来，靠一个不变的模型开展批量重复科研是可怕的科研舒适区，只有时刻保持创造力和好奇心，才能探寻更多科学未知。

在具体研究上，汤秋鸿给学生充分的自由和空间，但前提是必须有所创新，“科研必须要创新才有价值，不能只是简单地把别人的东西拿过来重复一遍。”

在这样的学术氛围中，汤秋鸿团队成了一支具有创新活力的全球变化水文学研究队伍。“我们将面向国家重大需求推进水科学发展，支撑国家水安全保障和水资源可持续利用。”汤秋鸿坚定地说。

◇ 本文发表于2022年8月4日《中国水利报》
◇ 作者：田瑞颖

田伟：水利战线上的“田古板”　也是个“多面手”

他从事水利工作 32 年，先后奋战在水利工程管理、水政管理、勘测设计、水土保持、重点工程、农村水利、农机管理和防汛抗旱等多个岗位上，有多个称谓——“田古板”“田技术”“多面手”……既展现了他在水利战线上的一专多能，又体现了他坚持原则的特点。他就是重庆市水旱灾害防御中心高级工程师、全国水旱灾害防御技术支撑专家田伟。

“田古板”不是不懂变通，而是原则性强

1989 年 9 月，田伟从学校毕业后被分配到重庆市潼南县（现潼南区）水电局工作，并被安排到潼南当时仅有的两座中型水利水库之一的崇龛水库锻炼。经过短暂的适应调整，他克服了地处偏远、条件艰苦等困难，很快适应了环境，投入到水库管理和防洪堤整治工作中去。

田伟在老所长及同事们的带领下，认真学习水库运行管理知识，积极参加汛期值班，赴安岳、遂宁灌区协调灌溉水费征收事宜，全身心投入水库防洪堤整治一期工程建设。

工作中的田伟

田伟虚心向同事们学习施工放线和收方技术，向老石匠请教条石相关工艺标准，现场调整混凝土配合比。为拉近与群众的距离，他和工人一起抡大锤、抬“四八料”，身上处处透着一股不服输的劲头。

田伟积极整顿工地管理秩序，严格查处到工地盗取水泥、砂石的不法行为，严格按合同收方计价结算，有些人觉得他不懂变通，为此

称他为“田古板”。但当地群众认为，正是由于他的“古板”，保障了工程质量，维护了大家的权益，是一种原则性强的表现。

多岗位历练，成为水利战线上的“多面手”

32 年来，田伟深耕水利，有着行业“多面手”的美誉。1990 年 5 月，水政水资源工作刚在起步，田伟作为潼南县水电局新设水政股首批工作人员，积极参加建章立制、取水许可、水政执法等工作，促进了水政水资源工作的良好开局。

1990 年 11 月，田伟下派到新生乡任公安员，积极参加当地治安维稳、计划生育、春耕秋收等工作，半年后又下派参与县重点工程——崇龛水电站工程建设，负责引水隧洞优化设计和现场管理，特别是在隧洞开挖中，检查发现重大安全隐患，及时通知施工人员撤离，避免了重大安全事故的发生。

1993 年，田伟转入勘察设计行列，先后参加了青云、崇龛等中型水库和老君岩、曹家沟等小型病险水库整治设计，以及青岩子中型灌区、涪江大型灌区和大佛寺堤防等工程规划设计工作，作为技术负责人牵头完成了县水利行业首个乡镇自来水厂——小渡镇水厂初步设计，主创完成的《潼南县水资源现状分析与评估报告》获重庆市水电科技进步三等奖。

重庆直辖后，田伟被任命为潼南县水保办副主任主持工作，加快推进“长治”五期工程、生态项目建设，加强水土保持监督执法、“两费”征收等工作。2003 年 5 月，田伟又参与到潼南县城堤防二期工程建设中，严控工程进度、质量和安全。

田伟（左）给同事们讲解水旱灾害防御

通过多岗位、跨专业的锻炼，田伟逐渐成长为潼南县水利行业既有理论基础、又具实践经验的技术“多面手”。

32 年水利人生涯，践行责任担当

多年来，田伟痴心农水，扶贫惠民生。2005 年 3 月，受组织委派，田伟到重庆市水利局农村水利处，参与水利扶贫、农田水利、农村饮水安全等工作。他心系贫困地区，协助水利部定点帮扶巫溪、城口、开县（现开州区）、丰都、武隆（现武隆区）和云阳6县工作，积极开展贫困地区水利现状、需求调查，摸清因水致贫、因灾返贫等原因，有针对性地提出措施建议。

田伟加强政策研究，作为主创人员，出色完成了由重庆市牵头，浙江、贵州、黑龙江等省承担的“全国农田水利投入专题研究报告”课题任务，为国家出台“从土地出让金中计提农田水利建设资金”政策提出了基层呼声和建议。

田伟积极开展民生水利政策研究，主要参与了小型农田水利重点县、2013—2017年山坪塘整治、农村饮水安全等民生水利政策、管理办法的制定和监督实施，积极争取国家投入，梯次完成了五批次小型农田水利重点县建设任务，重点推进了12.7万口山坪塘整治，对贫困地区山坪塘整治按照5万元每口倾斜落实市级补助。他牵头黔江、北碚等区县探索实践“民办公助、先建后补”机制，被水利部作为“重庆经验”在全国推广。

2018年后，田伟转入水旱灾害防御工作。在深入调研的基础上，他认真清理水利行业“测防报”职责，参与起草了《重庆市水利局水旱灾害防御工作预案》，为领导决策、新形势下水旱灾害防御工作有序开展奠定了基础。

2020年8月17—20日，涪江铜梁安居河段全面超保，在洪水即将漫顶的紧急时刻，田伟带病赶赴安居镇参加防汛救灾，作为专家组成员，蹲点守护安居堤防3天3夜，会同水文、设计专家第一时间会商，开展防御超标洪水多方案比选。他指导当地利用10年一遇设防标准，抵挡住了20年一遇超标洪水的冲击。

“充分利用水利工程防护功能，保护好群众生命财产安全，是我们水利人的责任担当。”田伟不仅是这样说的，他也在用32年的水利人生涯践行着这句话。

◇ 本文发表于2021年1月18日华龙网

◇ 作者：伊永军

王精华：用脚步丈量忠县水情

“人生如高压锅原理，压力越大，成熟越快。”这是重庆市忠县水利局党委书记、局长王精华的口头禅。在水利战线上奋战了近 10 载，他自加压力创新“七重七抓”举措推进山坪塘整治，探索出“三变治水”举措，让“浊水变清水、死水变活水、水体变水景”……

多年来，王精华一直自加压力专注做好一件事，就是做好“水文章”，让水资源更好地服务地方发展。

用脚步丈量水情

忠县位于三峡库区腹心地带，享有“三峡库心·长江盆景”之美誉，是一个典型的贫困县。

多年前，忠县境内虽有数量众多的山坪塘，但由于修建历史久远，缺少必要的维护和管理，损毁十分严重，蓄水十分困难，属于农业生产工程性缺水十分严重的农业生产大县。

2012 年，王精华调任忠县水利局党组书记、局长。角色的转变，也为他提出新的课题，如何尽快适应新的工作？如何将被动转为主动？

山坪塘整治是老百姓家门口的民生工程，是直接关系到全县农村群众生产生活问题的民生大事，王精华决定以山坪塘整治为突破口。

新任伊始，他便深入乡镇调研，力求尽快掌握全县“水”资料。

几个月下来，人瘦了，皮肤黑了，但是他舒心地笑了，因为全县“水”资料他都熟记于心。

“全县 6886 口山坪塘急需整治。”如何整治，是又一道摆在他面前的难题。

通过调研，王精华发现水利局既是“运动员”，又是“裁判员”，还是“督查员”，利益常常会让一些人另有一些想法，工程质量很难保障。

“自己的事情让老百姓自己办!”王精华创新思维，将民生实事项目一事一议。他大胆提出了按照责任、权力、资金、任务“四到”原则，将项目、责任网格化管理，将农村饮水安全、山坪塘整治及“五小水利”实行“三权下放”(下放工程发包权、工程建设权、建后管护权)到乡镇进行建设管理，忠县水利局则负责行业指导和行政监管，重点提供技术支撑。

2015 年年底，忠县共投资 3.25 亿元，用两年时间整治了 4063 口山坪塘，兑现了“三年任务两年完成”的庄严承诺。山坪塘整治工作连续三年在同类检查组中荣获第一名，还获得了重庆市“禹王杯”考核一等奖，受到了水利部农田水利基本建设办公室全国通报表扬。

王精华(右三)深入百姓家中了解饮水情况

之所以取得如此好的成绩，关键在于王精华做好了“七重七抓”，即重民意，抓宣传发动；重民生，抓财政投入；重标准，抓规划设计；重监管，抓整治质量；重督查，抓整治进度；重资料，抓建档立牌；重长效，抓机制建立。这“七重七抓”举措，也被重庆市水利局推广到全市。

同时，在他的筹建下，忠县在全市率先建立了基层水利服务体系，成立了水利服务中心，解决了农村水利“最后一公里”的巨大难题，其基层水利体系建设和山坪塘整治经验被水利部予以全国通报表扬，成为重庆市水利体制改革的一大亮点。

创新探索“三变治水”

2021 年 1 月初，忠县汝溪河凉风习习。汝溪镇溪沟社区居民张奉平拿着锄头，在河中的跳蹬上来回走动着，清除上游带下来的枯枝杂草。年满八旬的老党员龚治理带着垃圾袋，在水乡广场打理、清除河边柳条、枯枝败叶。

张奉平、龚治理是当地“民间河长卫士”，是忠县民间河长中的一员。

让人人都成为河长，自觉参与到河流、水库以及山坪塘等水域管理保护中，这是王精华又一创新探索。

王精华率先创新设立“河库检察官制”“河库警长制”“双警长制”，

成立“忠县河库管理警务室”“长江流域（忠县）河库检察室”。

在此基础上，他将县、乡、村三级河长制责任体系延伸到“最后一公里”，全县308条大小河流、17条主要河流全覆盖设置河长715名。

治水思路在变，治水方式也在变。

王精华（右三）巡查在建水利项目

王精华创新探索出“浊水变清水、死水变活水、水体变水景”的“三变治水”举措，对境内河库实施专项整治行动，按照“一河一策一景”的思路，把过去的污染水源打造成了水利风景区。

如今，河水清清、河岸碧绿的场景在忠县随处可见。

河湖之病表象在水里，根子在岸上。在河长制管理工作中，王精华将工作从河面延伸到岸边，从政府机关延伸到社会各个方面，确保河库水质稳定向好。

截至2021年年初，长江干流忠县段和主要一级支流河流水质达到水域功能要求。汝溪河、洽井河先后入选“重庆市最美河流”，黄钦水库被评选为“重庆市最美水库”，忠县河长办被评为重庆市“全面推行河长制先进单位”。

提前40天“抢”出80个水利扶贫项目

2020年7月4日，忠县野鹤镇稻谷村大雨倾盆。在人饮安全用水扶贫提升工程工地，工人在水池上方搭建雨篷，即使下雨天也能照常施工。

工地上，王精华身着雨衣，脚穿雨靴，不时提醒大家注意安全，同时要求加强工程质量。

作为脱贫攻坚水利工程督战工作组组长，王精华每天不停奔走在各个工地，督查工程进度和质量。

稻谷村与万州区相邻，由于山高水源少，该村2600余人饮用水供应不够稳定。

2020年4月，忠县启动脱贫攻坚“百日大会战”，把解决农村饮用水安全问题列入其中，计划投资3177.91万元，新建和整改农村供水设施。

由于受疫情影响，加上大雨、暴雨不断，水利扶贫工程施工进度受到影响。

“一定要按时完成工程建设任务，解决村民饮水问题。”这一想法一直在王精华脑海中盘旋。

如何才能按时交付？质量如何保证？首先要解决能正常施工这一问题。

王精华通过创新搭棚施工、夜间照明施工，交叉作业、平行作业，24小时三班倒、人歇机不歇等方式，解决了连续下雨天施工难和快速推进等难题。

另外，忠县水利局成立6个督战工作组，每个分管领导任督战组组长，对80个饮水项目按照包片区、包乡镇、包村组、包农户、包问题解决的“五包”要求督战。

以7月15日为限倒排工期，建立未完成项目台账，对照时间节点逐一销号，对未完工项目每日的建设内容进行目标设定，督促项目责任单位及实施单位按时序推进。

“那一段时间，全县农村各地上演人饮工程抢建战。”提起2020年水利扶贫工程建设，忠县水利局工作人员杜小林记忆犹新。

“王局长等人吃在现场、蹲点在现场、解决问题在现场，采取一项目一措施、一项目一时间表、一项目一科室盯的零距离督导的方法，这些切实可行的做法让任务得以圆满完成。”杜小林说。按照市县计划，忠县完成的时间是8月30日，实际上7月中旬即完成，提前40天完成80个水利扶贫工程，这是用忠县水利人的超强速度高质量提前完成的，是想都不敢想的事。

从事水利工作近10年，王精华荣获诸多荣誉，优秀共产党员、优秀党务工作者、重庆市水利工作先进个人……面对这些荣誉，王精华坦然一笑：“我只是一个普普通通的水利人，我将坚持不懈地服务水利事业，让水资源更好地服务地方发展……”

◇ 本文发表于2021年1月15日华龙网
◇ 作者：李黎

王凯：大道至简　实干为先

一路耕耘，一路收获。“水利青年科技英才”“水利青年拔尖人才”“安徽省向上向善好青年”“蚌埠市优秀共产党员”“蚌埠青年五四奖章”……一个个荣誉闪烁着耀眼的光芒。

王凯在发展中国家防汛预警预报及水文自动测报技术培训班上授课（水利部淮河水利委员会水文局供图）

“所有成绩都是干出来的，每一项水文技术的进步都是大家用心血换来的。”如今已是水利部淮河水利委员会水文局水情气象处处长的王凯从参加工作伊始，便扎根淮河流域的沃土，用实干力量默默无闻地奉献，孜孜不倦地探索。

精准预报当参谋

2020 年，淮河发生流域性较大洪水，沂沭泗水系发生大洪水。面对严峻汛情，王凯和同事们日夜坚守岗位，密切监视雨水情。防汛关键期，水位、雨量、流量，每个数据都牵动着王凯的神经。

2020 年 7 月 19 日晚，王凯与同事们发现王家坝水文站水位涨率异常偏大，立刻与流域相关省份水情部门联系，了解到上游白露河洪家湾圩区可能出现漫决。王凯连夜组织流域相关省份水情部门对王家坝水文站洪峰预报进行滚动修正，得出“王家坝洪峰水位有较大可能超过 29.60 米”的预报结论后，第一时间向上级领导报告，为国家防总科学决策发挥了重要的基础支撑作用。

在防御沂沭泗水系大洪水中，王凯与全体工作人员通力合作，及时准确地预报出沂河临沂站洪峰流量达 11000 立方米/秒左右（实测 10900 立方米/秒），沭河重沟水文站洪峰流量达 6000 立方米/秒左右（实测 5940 立方米/秒），预报与实测值误差在 1%以内。

吃住在办公室，累了困了就在沙发上休息，这是王凯在汛期工作的常态。就这样，王凯十年如一日地坚守在淮河防汛调度一线，发布各类水情预报上千站次，主要控制站重要断面预报优良率超过 90%。

“我是一名党员，不论是业务水平还是汛期值守，我都应该作好表率，当好‘领头雁’。”王凯目光坚定。

科技创新结硕果

科技是国家强盛之基，创新是民族进步之魂。在工作中，王凯十分注重科学创新能力的培养，坚持产学研用深度融合，不断创新洪水预报技术。也正是基于这份不懈的努力，王凯为淮河流域水旱灾害防御提供了科学决策支持。

在面对科研项目时，王凯组织人员连续奋战 3 个月，首创了适用于国产统信（UOS）操作系统的淮河正阳关以上流域洪水预报调度一体化系统，基本实现了洪水监视预报调度会商业务的全链条在线协同。初步建成的水旱灾害防御“四预”（预报、预警、预演、预案）系统在 2021 年汛期得到实践检验，有力推动了数字孪生淮河建设的先行先试。

不仅如此，他还牵头组织研发了多个水情业务系统，其中“开放式水文预报通用平台”和“洪水概率预报技术”入选水利先进实用技术重点推广指导目录、成熟适用水利技术，被推广应用于全国多个流域和省市，取得了良好的社会经济效益。

值得一提的是，2013 年与荷兰合作期间，面对重重困难，王凯咬紧牙关，连续多日奋战，自主研发了新一代淮河洪水集合预报系统（FEWS - HUAIHE)。这一科研成果不仅丰富了洪水预报产品，还有效延长了洪水预见期，降低了洪水预报的不确定性，荷兰水利同行看到成果后竖起大拇指。目前，这一成果已被列入世界洪水预报系统 FEWS 用户名录，在 60 个国家和地区共享使用，大大提升了中国在世界水利舞台的影响力。

凝心聚力带队伍

一人红，红一点；大家红，红一片。在水利部淮河水利委员会水文局创新开展的一带一“传帮带”人才培养模式下，王凯认真当好师傅带好队伍，着重在业务、技术和学术研究等方面传道授业解惑，指导刚工作的年轻人建立学习和工作方法，互相帮助、互相启发、互相成长，为水利部淮河水利委员会水文局培养了一批年轻的技术骨干。

在王凯的带领和影响下，近年来水情气象处在全力做好水文情报预报、服务流域水旱灾害防御工作的同时，积极开展预报技术研究和创新成果转化，主持国家重点研发计划课题2项、省部级以上科研项目和重大工程项目10余项，获得省部级以上科技奖13项，取得软件著作权、专利20余项，发表论文60余篇，入选省部级以上人才计划4人次，被授予“全国水利系统先进集体”“安徽省防汛救灾先进集体”等多项荣誉称号。

王凯经常说，干水文搞科研都是辛苦的事，“5＋2”“白加黑”是常态，但水文是基础，科技是支撑，一个都不能少，一个都不能弱，烦恼和乐趣都在其中。

大道至简，实干为先。对于未来的工作，王凯也有着明确的规划：数字孪生淮河、智慧防洪“四预”、流域治理管理能力现代化、水利高质量发展等，都需要水文的技术支撑、科技的助力推动。“作为一名水文科技工作者，我责无旁贷。”

◇ 本文发表于2022年1月13日《中国水利报》

◇ 作者：王琳琳

王松鹤：做黄河安澜守护人

万里黄河，险在河南。这里，不但河道宽浅散乱，而且河势游荡多变，水旱灾害防御任务十分艰巨。

“备汛时，我们找薄弱环节，查漏补缺；汛期，紧盯每一项工程，推究每一份防汛预案，分析每一次天气预报。为的就是向党和人民交上一份合格的防汛答卷。”作为河南黄河河务局防汛办公室主任，王松鹤于 2022 年 8 月获得全国“人民满意的公务员”荣誉称号，这是对他保护治理黄河近 40 年至高无上的褒奖。

严峻秋汛磨砺意志

相比伏汛而言，黄河秋汛次数不多。对此，王松鹤有两段深刻的记忆。

2003 年，受华西秋雨影响，黄河流域发生历史罕见严重秋汛。当时，位于兰考县谷营镇蔡集控导工程上游的黄河主河道向右岸滚动了 1000 多米，洪水直冲蔡集控导工程。同时，洪水灌入滩区，造成下游兰考、东明约 12 万群众、近百个村庄被围困。

王松鹤（右）在黄河防汛抢险一线
（于澜供图）

时任开封黄河河务局副局长的王松鹤，日夜驻守蔡集抢险救灾一线，研究制定抢险救灾方案，协调各方迅速展开了一场惊心动魄的抗洪大决战。

绵绵阴雨，蔡集控导工程联坝一片泥泞，道路不畅让运送石料车难以前行。王松鹤决定改变战术，把散抛石装入铅丝笼整体抛投，并沿坝体临水面每隔1.5米左右集中放置铅丝笼，形成坚固垛体，抵御洪水猛烈冲刷，同前来增援的驻豫某部严防死守。军民上下一心团结奋战，封堵护滩堤最后46米决口，仅用18个小时就实现了合龙，比预定时间提前了62个小时，解除了洪水对黄河大堤的威胁，确保黄河大堤安然无恙。

2021年，秋汛再一次降临黄河。9月，黄河干流9天内形成3次编号洪水，河南省黄河、沁河、伊河、洛河四河并涨，小浪底、故县、陆浑、河口村4座水库吃紧，下游河道大流量过程持续30多天，险情多发频发，若洪水漫滩，将危及滩区人民群众生命财产安全。

已是河南黄河河务局防汛办公室主任的王松鹤深知责任重大，立即投入战斗，近30天吃住在单位，每天休息不足4个小时。其间，恰逢女儿婚礼，在亲情与汛情面前，他毅然选择了坚守岗位。在防秋汛的关键时期，他带领防办全体人员昼夜值守，会商研判50余次，协调组织专业人员与群防人员1.5万人，对重点工程重要部位进行24小时不间断巡查，做到险情早发现、早预判。

守正创新人民为先

凭借多年防汛工作经验，王松鹤对于黄河传统抢险技艺有着自己的理解："随着时代的发展，需要用新的站位、新的思路来推进工作，科技赋能水旱灾害防御是必经之路。"为了强化"四预"（预报、预警、预演、预案）措施，提升水旱灾害防御能力，王松鹤战严寒、冒酷暑，坚持深入一线调研，向专家学者、一线职工求学请教，攻克了一个又一个黄河防汛难题。

在王松鹤的多方奔走下，重点河道工程安装了视频监控，实现对工程、浮桥、河势、险情等的实时监测，建立了重要河道工程的自记水位站，引进无人机技术，为防汛指挥决策提供科学、直观决策支撑。同时，他积极推动绿色防汛工作；7项科技创新成果获黄河水利委员会科技进步奖；参与研制的根石加固大型设备等10余项抢险新技术投入实战，大幅提高了抢险效能。

针对群防队伍组建难、落实难的问题，王松鹤结合河南省防汛工作实际，全面推行"由政府主导、行政事业单位牵头、群众参与"的群防队伍组建新模式，汛前落实群防队伍数十万人，确保了群防队伍有名有实。

多年来，王松鹤带领防办人员按程序12次启动防洪运行机制，参与战胜黄河17次编号洪水，花园口水文站17次洪水过程，成功应对了21世纪以来最强低温寒潮造成的黄河凌汛，最大程度减少灾害损失；指导组织抢护各类险情数千次，其中较大险情19次，确保了黄河、沁河下游防洪安全、滩区安全。

“我学的是水利专业，从踏入工作岗位开始我就立志做一名合格的、把人民放在心上的水利人。如今，做黄河安澜守护人，是我对自己，也是对河南防汛队伍的要求。”王松鹤庄严承诺。

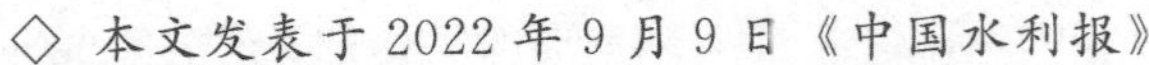
◇ 本文发表于2022年9月9日《中国水利报》

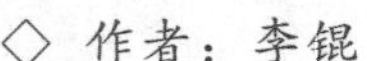
◇ 作者：李锟

王小川：保漳河安澜　筑民生之基

20 年前，刚从学校毕业的王小川登上岳城水库大坝时，为雄伟壮阔的水利工程所震撼，那时的她暗下决心：要将所学倾注到水库管理中，要将青春奉献在这片热土上。

王小川（中）在秋汛期间带队检查机电设备（杨云霄　摄）

如今，担任水利部海河水利委员会漳卫南运河岳城水库管理局工程管理科（防汛抗旱办公室）科长的王小川，始终用热血与青春守护着工程安全，将护佑漳河安澜作为自己一生的职责。

洪水面前显担当

爱钻“牛角尖”的王小川，在遇到任何工作问题时坚决不允许自己得过且过。一次，她为了保证水库调度查询数据，不惜找来建库初期的资料，翻遍所有文字资料后，逐一请教退休技术人员进行印证。

当洪水来袭，水库变战场；红妆褪去，长裙换战衣。在2021年夏秋连汛防御中，面对严峻复杂的防汛抗洪形势，王小川作为工程管理负责人始终奋战在抗洪一线，上传下达、协调内外、组织会商、精准调度、工程巡查、紧急抢护……岳城水库防汛工作在王小川的调配下有条不紊地进行。

2021年10月5日，岳城水库水位达到152.30米，为建库以来最高水位。为减轻泄洪洞长时间大流量泄洪的压力，岳城水库管理局决定启用溢洪道泄洪，并向上级发出请示。一石激起千层浪，新的问题接踵而至。溢洪道作为大泄量泄洪通道，自1970年建成以来，仅在“96·8”洪水期间正式启动过一次，距今已经过去25年。

闸门能不能顺利开启？开启后能不能顺利关闭？这些都是需要慎重考虑和聚焦的问题。

这时有人提议：“是不是可以将闸门直接提到一定开度？”王小川当即否定，并给出合理解释，“自建库以来，闸门运行50多年，还没有经历如此高水位运行的检验，直接提闸门存在很大安全隐患，我们一定要慎之又慎。我建议对每个闸门做小开度启闭试验，确保万无一失。”话音一落，得到了领导和同事们的一致认可。

征得上级同意后，岳城水库管理局进入紧急备战状态，在经历近5个小时的紧张筹备、检查、试验工作后，伴随着启动键的按下，溢洪道9孔闸门按照预定程序依次开启，全部启动流畅、运行平稳，欢腾的水花倾泻，见证了溢洪道泄洪的完美过程。

此时，王小川悬着的心终于落地了，紧锁的眉头舒展开来。

青春无悔绽芳华

风雨之中显担当，汛情面前不言败。在海河流域罕见的夏秋连汛中，王小川始终坚守一线防汛岗位，连续奋战70余天。

在水库高水位运行期间，王小川带领单位职工对工程重点部位进行巡查检查，即便得了感冒也顾不上休息。在坝脚渗水排查中，她跪在地上用手探进凉水中感触排水暗管情况。在泄洪洞闸门止水抢修中，面对临水和高空作业的较大施工风险，她多次冒雨到现场指导协调，确保工程抢修安全完工。在值班岗位上，她每天和同事汇集雨水情工情信息，研究分析汛情发展、磋商调度意见，不分昼夜，直到汛情结束。

连续153天的防汛工作中，王小川共组织协调完成防汛会商89次，组织防汛应急演练2次、防汛抢险培训3次，收发处理落实重要明电文件121份，编写审核各类防汛文件报告73份，组织精准安全调度闸门60余次，为岳城水库成功应对罕见夏秋连汛作出了重要贡献。

青春在奋斗中绽放。“既然选择了当一名闻汛而动的水利人，我就会为之奉献终身。”王小川坚定前行。

◇ 本文发表于2022年1月28日《中国水利报》

◇ 作者：王颖、庄仲蒙

王小毛：扎根一线的“水利战士”

“我们搞工程创新，就是要坚持底线思维，坚持问题导向。工程从论证到建设有大大小小的技术难题，面对这些问题，一定不能回避，应该从问题去着手制定作战路线，成立科技攻关团队。”2021 年 6 月 2 日，长江勘测规划设计研究院总工程师王小毛在谈到创新时如是说。

王小毛（右二）在旭龙项目现场

自 1985 年以来，王小毛从事水利水电工程规划设计研究工作已有三十多年。据悉，他带领团队曾长期驻扎三峡水利枢纽、三里坪水利枢纽、云龙河水电站等项目工地。这些工地往往是在中西部偏远山区，交通不便，工作生活条件艰苦。王小毛介绍，对于技术人员来说，工地现场就是战场。不管是大方面的决策还是小细节的把握，都要深入工地、扎根一线，了解现场施工，做好现场设计服务。他说：“现场设计工作不同于在后方做设计，在保证工程质量的前提下，一定要脚踏实地、扎根现场，能够主动承担责任，并且付诸行动，一切应以满足现场施工需要为准则。”

4 月 20 日，一艘满载货物的集装箱运输船驶过三峡大坝下游乐天溪水域。三峡北线船闸自 3 月 16 日启动计划性停航检修，历时 35 天，圆满完成检修任务，按时恢复通航。作为主持国之重器——三峡工程建设的一员，王小毛感慨良多。

“三峡工程规模特别大，难题也特别多，很多都是世界性的难题。”在“国之重器”三峡工程建设期，2002 年前后，“三峡大坝出现了大裂缝”的消息传出，甚至有媒体宣称“是人的手掌能伸得进去的裂缝”。一时间，关于三峡大坝裂缝的问题受到国内外的普遍关注，外界各种猜测和质疑铺天盖地，谣言四起，矛头直指三峡工程的质量安全问题。

此时，作为三峡工程技术负责人之一的王小毛，正在三峡工地协助主持三期工程施工详图设计。在工程师的眼里，大坝裂缝是困扰大坝工程技术的关键。三峡大坝出现的裂缝，是一般混凝土大坝的“常见病”，缝宽一般为0.1～0.3毫米，绝非外界传言的那样。然而如何直面问题、解决问题，同时消除谣言，给外界一个满意的答案，成为摆在王小毛等人面前的一道难题。

“作为工程师和技术负责人，一定不能回避问题，不能推卸责任。”王小毛反复强调这句话。作为设计方，一方面他全力组织对出现裂缝的成因、危害和发展趋势进行系统的分析和研究；另一方面，对处理方案、使用材料进行调研，提出适合三峡工程“千年大计”的实施方案，最终成功解决了大坝裂缝问题，化解了危机。

吸取了经验教训之后，三期右岸大坝工程采用了一系列行之有效的温度控制和防裂技术措施，成功解决了三峡大体积混凝土裂缝的疑难杂症，创造了三峡大坝浇筑混凝土400多万立方米未发现一条裂缝的奇迹。三峡枢纽工程验收专家组组长潘家铮院士说：“三期工程的实践使我们知道，大坝确实可以做到不裂……在三期工程中，全面控制了原材料的质量，严格实施了温度控制，像保护婴儿一样养护、保护混凝土，几百万立方米的大坝就可以没有一条裂缝。”最终三峡三期大坝提前一年完工，并创造了410万立方米大坝大体积混凝土未发现裂缝的世界奇迹。

作为全国工程勘察设计大师，中国大坝杰出工程师、中华国际科学交流基金会杰出工程师，水利部“5151”部级人选、全国水利抗震救灾先进个人、全国水利系统先进工作者、三峡工程优秀建设者，王小毛主持或参加了“国之重器”长江三峡水利枢纽数十项大型工程的设计。从“七五”国家科技攻关开始，他先后主持了多项国家、省部级科研课题研究。作为负责人，他全面推进设计院创新驱动发展，推动企业信息化融合发展，加快企业数字化转型。

如今，作为技术负责人，王小毛正在主持设计西电东送骨干电源点之一——金沙江旭龙水电站。他创造性地提出“全生命周期管理、全方位风险预判、全要素智能调控”的智慧工程建设方案，打造工程数据中心和基于GIS＋BIM的三维可视化展示平台，利用大数据与人工智能技术，为旭龙水电站建设全过程管理提供辅助决策，系统解决了高坝水力学泄洪消能、拱座稳定和变形、高边坡稳定、干热河谷高拱坝温控防裂、高坝高地震区抗震等西部水电开发的共性问题，取得大量创新技术成果，推动了行业技术进步。

王小毛是扎根一线的“战士”，为贫困山区和少数民族地区水利事业和经济社会发展战斗不止。他用30年的时间，在祖国的广袤大地上和壮阔山河间，书写出一名优秀水利工程师和科技工作者的华美篇章。

◇ 本文发表于2021年6月10日《武汉科技报》

◇ 作者：任文

王艳：潜心水质监测　拓展能力边界

南水脉脉清流，沁润首都民心。一位位首都基层水务人如同一颗颗螺丝钉，日复一日，孜孜不辍，把汗水倾洒在保水护水一线，北京市南水北调环线管理处运行管理科王艳就是其中一员。

水质卫士：时刻绷紧弦

暖阳照在亦庄调节池宽阔的水面上，映射出粼粼波光。一大早，王艳带着水质监测人员开始了例行的水样采集。

亦庄调节池位于北京市东南部南海子郊野公园东侧，发挥着调蓄、汇水、分水功能，是保障首都供水的“大水缸”之一。作为负责水质安全的工作人员，王艳的心每天都被这一池碧水牵动着。

王艳观察并记录调节池水质变化情况

“天越热，我就越紧张。”王艳说，南水进京以来，亦庄调节池的整体水质良好，但是由于调节池存蓄水量大，又是开放水面，气温升高后水体发生蓝绿藻过剩的可能性增大。2017 年 7 月，王艳像往常一样在调节池畔查看水情，发现水面上漂浮着些许绿藻，她当即返回办公室撰写水质监测专项报告，提出适当调整鱼苗种类数量遏制绿藻的建议，她的建议被上级单位采纳。

2021 年年底，在水质自动监测和人工监测的基础上，王艳牵头建设了水质综合毒性生物预警监测系统，用青鳉鱼作为调节池出水水质的指标生物。

保障水质安全还要练就“预知未来、主动出击”的本领，这靠的就是王艳电脑中存储的海量数据。“每个月的水质监测数据至少有上千条，从复杂的数据中预测水质变化趋势，这项工作意义重大。”王艳感慨道。

专注科研：探索中求变

在做好水质保障日常工作的同时，王艳还专注于岗位科研。“科研成果应该源于基层、用于一线。”王艳说。

回想起来到管理处开展的第一个科研项目，王艳记忆犹新。这是一项开展大直径地下管道临时封堵技术研究，以解决管道衬砌被钻孔打穿后应急修复的技术和工艺。王艳为此开始学习隧洞修补相关知识，并深入北京韩村河钢管厂、河北省引滦入津工程引水洞等进行实地调研，经过不断摸索，最终形成“地下管道临时封堵堵头实用新型专利”等三项专利成果。

科研的价值在于解决实际问题。在对水质变化规律长期的摸索中，王艳逐渐形成了独到见解，几年来先后发表了《南水北调亦庄调节池浮游植物时空变化分析》等多篇学术论文。谈及近期的研究方向，王艳表示希望能从鱼类、鸟类、水生植物等方面对亦庄调节池进行生物多样性调查，摸底调节池生物种类与数量，根据调查结果提出改善水质的合理建议，为保障水质安全提供有力支撑。

跨界达人：不惧从头开始

在同事们的眼中，瘦瘦小小的王艳精力充沛，虽身兼数职却乐此不疲。

王艳（左一）参加中秋社区治安执勤活动

管理处制度建设是王艳在本职工作之外承担的一项“大工程”。理工科出身的她面对制度编制这一“跨领域”挑战，和自己暗暗较劲，从搭建体系谋篇布局到逐条逐句审核修改，像一名小学生一样从头学起，上百万字的制度体系浸润着她的点滴心血。

随着水管单位工作日益现代化、专业化，科技档案在单位决策制定、科研建设、风险防范等方面发挥着越来越重要的作用。但管理处成立之初并没有设置专门的科技档案管理岗位，作为水质管理员的王艳，主动承担下这项颇具开创性的工作。一切都要从头学习，研法规、学资料、听讲座，王艳像海绵一样不知疲倦地汲取新知识，完成了从“门外汉”到“排头兵”的转变，在管理处节水护水宣传、参观讲解、文化园地建设中，总有她的身影。

“通过学习和实践不断拓展自己的能力边界也是一种乐趣。”王艳在为首都百姓守水护水的工作中，实现着青春价值。

◇ 本文发表于 2022 年 5 月 26 日《中国水利报》
◇ 作者：张雅丽、徐友龙

文昌淑：躬耕三尺讲台　守住一方净土

2022 年 4 月 25 日，贵州水利水电职业技术学院的校园里，2022 年贵州省职业院校师生技能大赛暨全国职业院校技能大赛选拔赛正如火如荼地进行着，参赛队员屏气凝神，安装、调试、记录，一系列操作井然有序。

场外，贵州水利水电职业技术学院教师文昌淑在办公室内静静等待着。“还是有点担心，他们是第一次参加这种省级比赛，担心他们会紧张。”她边说边向外张望着。

当天下午，成绩出来了，文昌淑指导的学生获得高职组水处理技术赛项团体一等奖。下一步，他们将代表贵州参加全国职业技能大赛。

自 2014 年入职贵州水利水电职业技术学院，这是她获得的第 6 个专业奖项。

“技能的提升没有一蹴而就的，每一步都凝聚着辛勤的汗水。”文昌淑说。从事教育行业八年，她觉得成功秘诀只有一个，那就是抓好细节、反复训练、精益求精。

为了提高训练效果，提升技能水平，文昌淑和其他老师一起，在每次的技能训练中，都制定了详细的训练计划，带领学生仔细研读比赛规程和评分细则，让学生熟知比赛的细节，记住每一个易扣分的点，将这些易错点融入到平时的训练中，通过训练避免出现这类错误。遇到问题时，无论是周末还是节假日，他们加班加点也要解决，最忙碌时进行过一天 11 个小时的训练，不放过每一处细节，共同攻克一个又一个问题。

文昌淑（左二）在给学生们讲解实验要点

郭磊是文昌淑指导的学生，2020 年他曾代表贵州省参加全国技能大赛改革试点赛高职组“水处理技术”项目并获得个人三等奖，2021 年 4 月获省级“大气环境监测与治理技术”个人一等奖，2021 年 9 月获创新创业省级金奖，并以优异的成绩留校任教。

郭磊说，每次赛前，文老师都会让学生不断练习，确保熟练掌握每一个环节和过程，加强团队凝聚力，不断提升专业素养和综合能力。

学生身心健康和优异成绩是分不开的。

文昌淑认为，除了专业成绩，学生的心理健康同样重要。在工作中，她非常注重与学生的情感交流，留心学生的状态变化，在动态调整中寻求学习效果和身心健康的平衡。

水利工程专业的何业军，在文昌淑的指导下曾获得 2019 年全国职业院校技能大赛高职组水环境监测与治理技术赛项团体二等奖。现在平坝污水处理厂工作的他，提起自己的恩师，也是满满的感激：“在水职院学习的三年，收获颇丰，在文老师的带领下，我们以赛代练，不仅提升了专业技能，还锻炼了心理素质。”

在学生眼中，文昌淑不仅专业，而且细心负责，课程繁重、训练密度大时，还会根据学生的状态及时调节学习计划，保证进度的同时关心同学的身心健康。

在同事眼中，文昌淑是不断要求进步的教师。她积极参加学院教学改革，非常注重教学方式方法，总是想尽办法让教学过程更加形象生动，提高学生学习积极性和学习效率。她还不断学习行业新知识、理论和方法，积极参加学院“双高”建设中水利水电建筑工程高水平专业群建设工作。2021 年她申报水利厅项目“水生态修复技术在城市湖库中的应用研究”，现已获得立项。

“其实我做的就是一些基本工作……”聊起从教多年的感受，文昌淑谦虚地表示，自己是处于一个平凡的岗位上，唯有不忘初心、不懈努力，才能无愧于学院的重托和学生的信任。

◇ 本文发表于 2022 年 4 月 30 日《贵州日报》

◇ 作者：刘珊宇

伍金雄：平凡岗位上的“水文尖兵”

伍金雄是贵州水文系统的一名“老兵”，20 年来一直默默工作在基层水文一线，先后在水文站、站网测验科、水情与水资源评价科及水文巡测队等多个岗位工作学习，一直兢兢业业，恪尽职守，竭诚奉献，辛勤工作，勇做技术上的探索者、风雨中的逆行者和赛场上的佼佼者。

伍金雄进行 GNSS 测量

时代在进步，水文监测设备技术也要与时俱进，伍金雄深知这一点。在担任黄果树水文站负责人期间，为快速掌握水文设施设备的调试运用，伍金雄主动请教测站老职工、业务能手，还在网络上、书本中查阅大量资料。其中，在解决黄果树水文站水文缆道起点距反向计数不准确的问题时，他从零开始学习电子技术，创新地将水文缆道起点距线上电路中的正反向旋转信号线交换，使得困扰多年的问题得以解决。

这次小小的尝试，加深了他对水文工作钻研的兴趣。

在承担光照水文站定点式 H－ADCP 率定报告的编制时，伍金雄得知此类分析报告在贵州省尚属空白，没有可参照的实例。于是，他花费大量时间和精力翻教材、查资料、请教专家后，牺牲晚上和周末的休息时间，以办公室为家，终于找到了适合该站的分析方法。同时，他还通过编写小程序实现了数据自动计算和查找，保质保量完成工作任务，并以此为契机，制作了 API 模型水文预报计算表格，既有助于理解计算过程也方便使用；根据水情数据库与水文资料整编数据库功能的不同，他制作了分别读取水情数据库的水位数据和水文资料整编数据库的水位数据进行过程线的对比分析图，可以清晰地了解数据是否进行了处理及处理是否正确，大大提升了工作效率。

水文是防汛抗旱的耳目，是风雨中的逆行者。2021 年 6 月下旬，紫云苗族布依族自治县座马河水文站上游雨量达 140 毫米以上，导致座马河水文站监测断面水位暴涨，水文缆道发生故障，不能施测流量。座马河水文站为新建水文站，洪水监测资料的掌握将对该站今后监测数据分析起到非常重要的作用。在接到上级命令后，伍金雄带领应急监测队员赶赴该站，当赶到距水文站约 2 千米处时，一棵大树被大风吹断，横在路上，截断了通往水文站的唯一道路。时间不等人，贵州山区洪峰来得快去得快，监测时机稍纵即逝，不能让眼看到手的珍贵洪水监测资料化为泡影，他带领应急监测队员抬着监测设备从泥泞的田埂上找出一条通往水文站的小路，田埂边湍急的河水仿佛奔腾的巨兽，风雨中已不记得滑倒多少次，但他们都没有退缩，最终抢测到了宝贵的洪水资料，圆满完成了应急监测任务。

“水文工作是一门技术活，职业技能的提升非常有必要，职业竞赛就是检验技能的很好方式。”伍金雄说。

在参加 2021 年全省水文勘测技能竞赛时，伍金雄在不丢下业务工作的同时，利用中午休息时间和下班后的时间进行训练，外业实操和内业理论相结合，最后依托 20 年水文一线工作的经验，一举拿下了竞赛一等奖。

伍金雄说，这次获奖，既是对从前工作的肯定，也是对今后工作的鞭策，未来，他会继续保持一颗平常心，在心爱的水文工作岗位上做一名“风雨中的逆行者，江河安澜的守护人”。

◇ 本文发表于 2022 年 4 月 30 日《贵州日报》
◇ 作者：伍岱禧

向国兴：从实践中来　到实践中去

引乌江上游三岔河水，润泽黔中大地——这是几代贵州水利人的梦想。

作为全国唯一没有平原支撑的省份，贵州因独特的喀斯特地貌而山高坡陡、土薄易旱、有水难留。为破解贵州工程性缺水问题，省内首个大型跨地区、跨流域长距离调水工程——黔中水利枢纽工程上马，工程共涉及大中小型水库 91 处，计划分两期建设。带着几代贵州水利人的期盼，一期工程在 2009 年开工建设。

从 2018 年 1 月起，黔中水利枢纽一期工程陆续向六枝特区、普定县、安顺市、贵阳市等市、区（县）供水，截至 2022 年 7 月，工程已供水超 1 亿立方米，受益人口超百万。在这份引调水成绩单背后，有一名为一期工程奔走设计整整 20 年的水利人，他就是黔中水利枢纽一期工程总设计师——向国兴。他与水利的故事，还要从头说起。

懵懂与前行

“我虽然报考的是河海大学水利水电工程专业，但在踏进校门前并不了解这个专业。”1989 年，向国兴的这份懵懂恰恰让他做了一个最适合的选择。在改革开放初期，经济飞速发展，国家和社会十分需要水利人才投身水利基础设施建设。

虽然懵懂地做了选择，但是他对待学习和工作的态度并不懵懂：“我相信学了就肯定有用，于是我就努力地学，努力地工作，在实践中学习。”向国兴自此便扎根在了水利水电行业，从此与水结缘。

工作后，向国兴并没有停下求学与探索的脚步。白天他认真参与勘测与设计工作，夜里便拿起书本学习更多的科学知识，由于工作紧张，学习的时间基本靠挤。经过长期刻苦学习，在 2010 年 6 月，向国兴取得武汉大学水利工程领域工程硕士学位；2019 年 12 月，更是取得武汉大学水工结构工程工学博士学位。“完成了贵州省最大水利枢纽工程——黔中水利枢纽一期工程的勘测设计任务后，我会在实践的基础上继续学习。可以说，学习是我生命、工作的一部分。”工作、生活、学习，这三者在向国兴的眼里是密不可分的。

简单与复杂

向国兴喜欢这样一句话：从简单到复杂是成长，从复杂到简单是成熟。他始终认为，对待水利工程设计要像看待人生那样。从简单到复杂就像一个研究过程、一项重大工程，要深入认识、研究它；当研究透后，从复杂到简单是总结、提炼的过程，这时候我们就能尽可能了解和认识事物的本质了，设计一项水利工程亦是如此。

1998—1999 年，向国兴作为总设计师在湄江水库除险加固工程中提出的《大坝安全论证报告》成为贵州省推荐的示范文本；针对湄江水库库首岩溶渗漏特点提出了“上堵、中截、下排”的综合处理方案，使 40 余年未能处理好的库首岩溶渗漏得到根治，这一成果还荣获省级优秀设计二等奖。

随着工作的逐步深入，向国兴更加注重项目管理，2002 年担任贵州省西部大开发标志性骨干水利工程、贵州最大水利枢纽项目——黔中水利枢纽一期工程的勘测设计项目经理。他领导项目组成员精心策划、精心组织，加强接口管理，做好项目质量、进度、费用等目标协调、综合控制，按时优质完成了工程规划、项目建议书和可行性研究，成果获得国家、省级优秀咨询成果奖。当时向国兴年仅 30 岁，是研究院里最年轻的副总工程师。

向国兴（左三）冒雨检查工地

（蒋令　摄）

构想与实现

黔中水利枢纽工程分为水源工程、灌溉工程和城市供水工程，全部建成后可以解决黔中地区水资源短缺问题，以及贵阳市区、安顺、六枝等地61个乡镇（区）的城乡饮水问题。“工程对促进全省经济社会又好又快发展具有重大意义，这点我始终牢记于心。”向国兴说。

从2002年被任命为一期工程总设计师伊始，他就开始了工程前期的勘测与设计工作。其实早在1959年，贵州水利前辈就曾提出“引乌江上游三岔河水润泽黔中”的构想，但因工程建设难度极高、投资巨大而被长期搁置。时隔40多年后再次启动，难度可想而知。向国兴多次实地踏勘考察后，2004年上半年，他带领团队向上级争取立项，其间不断进行工程相关的论证工作。

奔走工程立项期间，2005年8月到2006年4月，向国兴还主持完成了《贵阳市水资源综合利用与开发规划》，深入分析了贵阳山区水资源的特点，融入国际先进治水经验，按照“统筹规划、有序开发、综合利用、优化配置、有效节约、加强保护、统一管理”的现代治水观念，首次将山区水资源从开发、利用、治理、保护、节约、管理等全过程进行综合规划，有力支撑了利用亚洲开发银行贷款建设贵阳水利项目。

“2008年11月，国务院总理办公会议通过了立项。《新闻联播》报道立项的那天我在外出差，同事打电话告诉我时，我激动得无以言表。”向国兴对那天记忆犹新。

工作至今，向国兴负责了40余项国家和省市重点水利工程的咨询设计任务，聚焦贵州岩溶山区工程性缺水问题和水利扶贫攻坚战略，承担包括省重大科技专项、科技支撑计划、国家自然科学基金等在内的10多项重点科研任务，取得了新型连续刚构渡槽、狭窄河谷高面板坝综合变形控制等具有自主知识产权的原创性领先技术，成功实践并推广应用，获得专利20余件成果奖40项，出版专著7部。

如今，他已是贵州省水利水电勘测设计研究院有限公司党委委员、董事、总经理，全国注册咨询、造价、监理、建造工程师……一个个专业头衔描摹着他“从实践中来，到实践中去”的工作态度；全国水利青年科技英才、水利部首批“5151人才工程”部级人选、首届FIDIC中国优秀青年咨询工程师、全国水利水电勘测设计行业优秀设计总工程师、贵州省青年科技奖、享受国务院特殊津贴专家……一个个荣誉称号诉说着他为黔山秀水乃至祖国大江大河贡献的智慧力量。

◇ 本文发表于2022年8月11日《中国水利报》

◇ 作者：陈思杰、王伟康、蒙艺

徐建成：用青春谱写治污排水之歌

出生于1998年的徐建成，2016年从北京铁路电气化学校毕业后进入北京城市排水集团有限责任公司，成为再生水厂一名操作技术工。

如今的徐建成已经是高碑店污水处理厂的一名高级工，担任运营调度中心中控调度班的班长。2022年，他被全国总工会授予“五一劳动奖章”。

乐于传帮带，技能型班组“出圈”

“从污水收集到进厂，再到出水，所有环节需要我们监管监控，若遇到某个环节或某项数据指标出现了问题，需要及时通知其他班组立即赶往现场排查原因，进行处理解决。”走进高碑店污水处理厂中控调度室，徐建成正盯着面前的监控屏幕，仔细观察各项数据指标，“中控调度班是污水处理厂运行的核心，一定要保障各环节平稳正常。”

徐建成说，除日常技能培训、实操训练外，其主要工作是对污水处理厂运行全流程进行有效监控调度。在岗位上，他始终保持严谨认真的工作态度和一丝不苟的工作作风，任劳任怨。

在同事眼里，工作中的徐建成执著专注，勤学、善思、好问，业务技能突飞猛进。

作为班长，他把自己在参赛中学到的知识应用到具体工作中，带动班组在最基础的岗位上做着最完备的保障。

平时工作中，徐建成注重带领组员进行工艺技能、职业责任等方面的学习和培训，以技能训练为手段，通过多种途径搭建学习平台，毫无保留地进行传帮带，带领班组提技能、增本领，打造了一支善于学习、勇于攻关的技能型班组。

2021年，徐建成获得了“全国技术能手”荣誉称号；2020年，获得

徐建成积极备战技能竞赛

中国第一届技能大赛住房和城乡建设行业选拔赛“水处理技术赛项”一等奖；2020 年，获得全国行业职业技能竞赛“三利杯”全国城镇供水排水行业职业技能竞赛决赛污水处理工第一名；2018 年，获得第 45 届世界技能大赛住房城乡建设行业选拔赛“水处理技术赛项”一等奖。

2021 年，因表现突出，徐建成获评北京城市排水集团有限责任公司“青年榜样”。2022 年，他被聘为集团内训师，成为集团最年轻的世赛教练。在做好本职工作的同时，他利用分公司市级职工创新工作室，按照世赛各项目的标准要求与污水处理厂实际工作任务相结合，把参加世赛的经历和学到的技术技能毫无保留地传授出去。

14 进 5，成功入围“世界技能奥林匹克”

2021 年 4 月 6 日，人力资源和社会保障部正式公布了第 46 届世界技能大赛中国集训队名单。水处理技术项目中国集训队共由 14 名选手组成，其中，依据中华人民共和国第一届职业技能大赛世赛选拔项目选手比赛成绩，徐建成成功入围。

“我在污水处理厂工作，有实操经验。比赛中，操作上能更快上手，可能这一优势给了我入围的机会。”徐建成谦虚地说。

据了解，世界技能大赛是当今世界地位最高、规模最大、影响力最广的职业技能竞赛，被誉为“世界技能奥林匹克”，是世界技能组织成员展示和交流职业技能的重要平台。

2022 年 1 月，在第 46 届世界技能大赛水处理项目国家队第一阶段综合训练与考核选拔赛的赛场上，徐建成与来自全国各地的 13 名选手同场竞技，以总成绩第四成功入选第二阶段的国家集训队。

水处理技术项目比赛对选手的技能要求主要为：具备力学、化学、生物、电气、自动化和环境保护方面的知识和专长。这是对水处理技术人才综合素质的考核。

“那真的是时间紧、任务重，在距离第一届全国技能大赛开赛仅剩一个月时，部分试验所需设备还在运送途中。”徐建成说。

为了更熟悉比赛模组设备，他开启了“学霸”模式，从早上 8 点到晚上 11 点，逼迫自己适应紧张高压的备赛节奏。

徐建成参加第 46 届世界技能大赛水处理技术项目
中国集训队第一阶段兰州站集训

备赛阶段，徐建成得到了集团强有力的支持，为他配备了涵盖水处理、化学、环境等多方面人才组成的教练团队。最终，他获得了第一届全国技能大赛水处理技术项目第四名，取得优胜奖。

“能取得第四名，非常出乎我的意料。”凭借此次比赛成绩，徐建成得以入围国家集训队，备战第 46 届世界技能大赛。

从 2021 年 9 月到 2022 年 1 月，徐建成奔波于郑州、西安、南京、广州、兰州等地集训，进行阶段比赛考核。

经过两轮的竞技比拼，最终，14 个人的队伍只有 5 人胜出，徐建成就是其中一员，“我们 5 人共同竞争下一阶段的第一名，将代表国家参加世界技能大赛。”

在备赛的大半年时间里，徐建成全身心投入备赛当中，实现了个人能力的新突破和新跨越，在赛场上展现出首都水务人的水平和风采。

同对待世赛科目训练一样，徐建成把追求精益求精的劲头用在解决实际问题、提高工作效率上，和技术员一起研究解决了精确曝气系统优化、汛期水泵抽升管控等问题，实现节能降耗，为碳减排工作默默奉献。

◇ 本文发表于 2022 年 8 月 2 日《中国环境》客户端

◇ 作者：周亚楠

许吕章：坚决守卫首都水安全

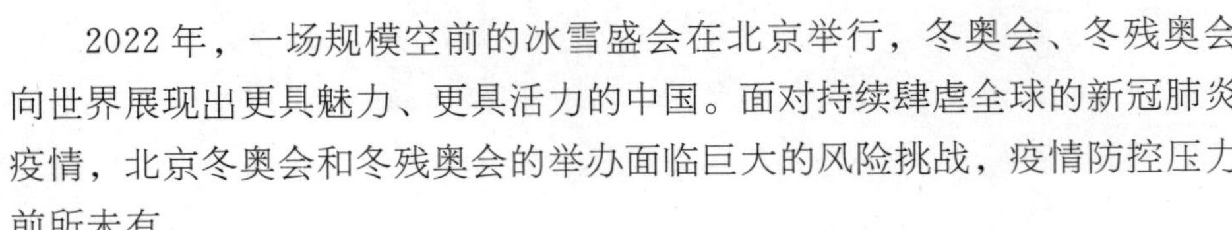

2022年，一场规模空前的冰雪盛会在北京举行，冬奥会、冬残奥会向世界展现出更具魅力、更具活力的中国。面对持续肆虐全球的新冠肺炎疫情，北京冬奥会和冬残奥会的举办面临巨大的风险挑战，疫情防控压力前所未有。

“用最高标准、以最严要求，全力以赴做好冬奥会、冬残奥会的水安全保障。”当获得“北京2022年冬奥会、冬残奥会北京市先进个人”荣誉称号后，北京市水务综合执法总队的许吕章回想起加入冬奥专班时作出的郑重承诺仍热血澎湃。

两手共抓，以战代练

在服务保障前期阶段，许吕章深知，高标准完成冬奥服务保障工作要从制度规范、安全措施、管理手段等方面入手。“一手抓冬奥服务保障，一手抓局属单位内部安全管理标准化、规范化建设。”许吕章的目标不仅是为冬奥会提供强有力的水安全保障，更是为首都水务高质量发展贡献一份力量。

围绕从根本上消除事故隐患的目的，许吕章带领团队查阅大量法规资料和行业标准，编制图文并茂的《北京市水务局局属单位安全生产（内部管理）规范》，共明确消防、用电等5个专业领域，配电室、锅炉房、物资仓库等15类场所474项安全标准，解决了安全措施怎么建、如何管的问题。

如何更好地落实末端监管是水务管理的一大难题。许吕章带领团队利用互联网和信息化技术，开发局属单位“安全监管＋信息化”管理系统，对安全管理15类场所进行数据化，设置“一码两端”3个交互平台，实现了扫码管理、线上教学、预警提示、链上分析等功能。在许吕章及其团队的努力下，北京市水务局下属 34 家单位共 167 个二级部门、1527 个场所实现了联网管理，累计产生安全巡检数据 103 万条，触发问题处置短信 265 条，推动解决问题隐患 491 个，有力提升了局系统安全管理水平。

任务艰巨，责任重大

作为冬奥专班的骨干力量，许吕章不仅要对接落实北京市运行保障指挥部 4 个工作组布置的系列工作任务，其中包括城市供排水保障、延庆赛区新建水务设施保障、水资源水环境保障、安全保卫、水利工程扬尘防治等，还要承担供排水领域的疫情防控和突发事件应急处置工作。

许吕章（左）在北京市自来水集团有限责任公司第九水厂检查奥林匹克中心区域供水保障落实情况（王新波　摄）

按照上级有关要求，许吕章迅速行动，与同事们加班加点，第一时间起草冬奥会城市水务运行、冬奥会赛前准备和赛时水务服务保障等工作方案，指导督促各区水务局、市级水务企业制定专项保障方案和应急预案，建立起市、区两级“保点、护线、控面”工作格局和服务保障体系。许吕章推动组建了 72 支供排水保障团队和 3000 余人的水环境保障队伍，从人员和技术上进一步确保末端落实。他还督促开展专业培训和应急演练，实地督导“手拉手”“双进入”工作机制落地落实。

推动完成 43 处市级挂账隐患整改、1823 项风险点位管控措施落实，协调为北京冬奥村提供了 4 处积雪消纳点，推动解决 18 处涉奥场所消防供水问题以及 2 处供排水保障能力提升工程……一张张水务工作成绩单记录了冬奥筹备阶段，许吕章带领同事们奋战的日日日夜。

回归常态，补齐短板

常态化进行督导检查，确保各外围保障团队始终处于实战状态；及时收集梳理相关工作信息，为水务决策提供第一手资料；实时应对各类水务突发事件，确保第一时间联动高效处置……在服务冬奥的 600 多天里，许吕章已经记不清楚度过了多少个不眠之夜和紧张时刻。

冬奥专班工作任务结束后，许吕章回到了北京市水务综合执法总队。“冬奥服务保障工作的经历，让我对‘以人民为中心’有了更深刻的认知，这为今后做好水行政执法工作提供了最为根本的价值遵循。”归队后的许吕章被借调到执法督察科，负责安全、质量、招投标的执法管理工作。

到新岗位后，许吕章深入研究总队提出的“普、执、宣、服、总、长”执法模式，深受启发并撰写论文。6 月正值安全生产月，执法总队启动“安全质量蓝盾”行动，这是许吕章首个直接组织实施的专项执法行动。他将“六字诀”执法模式贯彻到专项行动全过程，督促并协同各分队加强前端普法用法，帮助当事人解决各类“急难愁盼”问题，着力复盘总结、补齐自身短板弱项，协同各方合力建立长效机制。经过努力，16 支分队已按任务分工完成了全覆盖式执法检查。

从冬奥保障服务到水务执法管理，许吕章对水务工作有了从宏观到具象更深刻的认知。“我愿成为一滴水，汇入到保障首都水安全的浪潮中。”

◇ 本文发表于 2022 年 7 月 14 日《中国水利报》

◇ 作者：纪颖波

薛文政：碧水丹心润京华

2021 年 6 月 26 日，北运河北京段全线通航，来自各行各业的先进代表受邀登上游船，共赏运河之美。在这艘船上，一位为全线通航作出突出贡献的首都水务工作者跻身榜样之列，他就是第三届“最美水利人”提名奖获得者、北京市优秀基层党组织书记、北京市先进工作者、首都精神文明建设奖获得者，北京市水务建设管理事务中心党总支书记、主任薛文政。

梦起年少

1983 年，年仅 16 岁的薛文政以优异成绩考入葛洲坝水电工程学院，成为水利水电工程建筑专业的一名学生。他至今仍清楚地记得，老师在开学第一课上讲到“水利工程是百年大计，要经得起时间考验”，这句话成为薛文政投身水利事业的牢固准则。

毕业后，薛文政投身北京水务系统，长期从事水利工程设计与建设管理工作。北京市水务建设管理事务中心承担着北京城市副中心市属水务工程、南水北调中线北京段工程等诸多重点水利工程的建设管理任务。

北京城市副中心建设是党中央疏解北京非首都功能的重要战略部署，社会关注度高。薛文政选派工作经验丰富、作风过硬的业务骨干组成工作专班并分别担任项目负责人。他组织成立副中心水务工程“作战室”，根据各工程不同特点和实际情况，倒排工期，制定切实可行的工期进度表，并实时动态调整；每周召开重点工作碰头会，主持召开技

薛文政（左二）在宋庄蓄滞洪区二期建设工程施工现场指导工作

术方案论证会、协调会，及时解决施工技术难题。

在初步构建“通州堰”分洪体系，稳步推进南水北调配套工程——河西支线、团九二期等工程建设中，当了解到北运河综合治理工程范围内的一所小学校门口经常发生拥堵并存在安全隐患后，薛文政组织调整优化方案，在满足堤防功能的条件下设立家长等候区，获得了一致好评。

“通州堰”分洪体系工程建成后取得了良好的生态效益与社会效益。如今的宋庄蓄滞洪区以及北运河、温榆河不仅是北京城市副中心“上蓄、中枢、下排”多级缓冲防洪体系的重要组成部分，还成为集净水、绿化、休闲于一体的亲水空间，滨水绿道、观景平台、垂钓点等设施一应俱全。

技能立本

“水利工程建设应当紧跟时代发展步伐，结合实际积极推广运用新理念、新技术、新工艺，使工程项目能够长久地发挥效益，造福于民。”薛文政说。

成为专业技术型人才，是薛文政一直以来不变的追求。以实现北运河北京段通航的控制性节点工程甘棠船闸和榆林庄船闸为例，两个船闸一改从前“一根管”的缓慢输水方式，采用长廊道分散式输水，并全面应用了智能化航道系统，实现运调全流程智能化、船闸运行全过程自动化、运控数据一体化、过闸服务现代化。有了先进技术的支撑，游客乘船在 14 分钟内即可安全舒适过闸，尽情观赏“潮平两岸阔”的运河风光。

在各项工程的建设过程中，薛文政带领队伍不断破解技术难题，创新实施不同项目之间土方平衡和渣土资源化再利用等精细化规范化管理模式。他主持建设的西郊雨洪调蓄工程、北运河榆林庄闸改建等多项工程荣获大禹奖等奖项。

“北京这座有着 3000 多年历史的城市，希望能够在我们的行动中，展现出更具水韵特色的古都风貌。”薛文政说。

◇ 本文发表于 2022 年 5 月 7 日《中国水利报》

◇ 作者：高韦懿

杨芳：朝夕深耕　攻坚向前

一次次急难险重的工作任务，一项项攻坚克难的研究项目，无不淬炼着杨芳坚如磐石的科研初心。为流域治理与保护贡献一份力量，是珠江水利委员会珠江水利科学研究院副院长杨芳参加工作以来奋斗始终的目标。

“我到珠科院工作已有 18 年 6000 多个日夜，我甘愿为珠江流域治理再奉献数千个日夜。”杨芳在荣获第七届“水利青年科技英才”称号后坚定地说。

啃下核心科技“硬骨头”

2005 年的一次紧急研究任务，让杨芳树立了加快科技自主创新的职业志向。

当时，党中央和水利部高度重视深圳河湾水环境污染治理工作，钱正英院士是项目专家组组长。刚调入珠江水利委员会珠江水利科学研究院数值模拟研究室仅 1 年的杨芳被委以重任，承担水环境数学模拟专题研究工作。

作为一名科研新兵，能够参与国家战略性项目研究何其荣幸，但实际困难摆在杨芳面前：流域水环境数值模拟技术研究处于起步阶段，怎样才能破解技术卡点？杨芳多方请教咨询后得知当时单位购置的丹麦 MIKE 软件有相关模块，但无人会用。时间紧、任务重，杨芳当即决定自学啃下这块“硬骨头”。

杨芳（右）向学生示范水质分析实验（章倩　摄）

杨芳一边请教专家，一边废寝忘食学习技术说明、查文献、做测试。经过近两个月的潜心钻研，她已能熟练应用软件，并取得系列研究成果，圆满完成专题任务，为深圳河湾水污染水环境治理提供了坚实的技术支撑。

科技在手方能拥有核心竞争力。经过此次考验，杨芳深刻意识到，不能一直依赖国外技术，一定要开发符合流域实际的数值模拟软件，要将核心技术牢牢掌握在自己手中。怀着这份信念，杨芳在担任珠江水利委员会珠江水利科学研究院资源与环境研究所所长期间，积极引进数模人才，组建模型开发团队，经过不懈努力，自主研发了水动力环境多过程耦合数值模拟 HydroMPM 软件，为提高水利行业核心竞争力贡献了技术力量。之后，HydroMPM 洪水风险分析软件进入《全国重点地区洪水风险图编制项目可选软件名录》（全国国产软件仅 3 家）。

勇扛抗咸保供水“硬任务”

2021 年，珠江流域主要江河来水偏少三成至七成，其中，东江流域发生 1963 年以来最严重旱情，下游河口遭遇严重咸潮上溯，流域人民生活用水受到威胁。旱情不等人，杨芳立即带领技术团队奔赴供水问题严峻的东莞市，每日监测分析咸情，力争做到精准预报，为东莞市有关部门提供水资源调度、防咸工作及应急保障建议，全力支撑东莞市抗旱防咸保供水工作。

早在 2015 年，杨芳带领咸潮团队开展水利部行业公益性项目“珠江河口咸情变化及抑咸对策研究”时，就考虑到珠江可能面临连续枯水年或特枯水年，必须在现有成功实施“调水压咸”技术的基础上，探索新的抑咸对策。她带领团队持续致力于珠江河口咸潮上溯机理及防控关键技术研究，发展了珠江河口咸潮复合模拟技术，创建了珠江河口咸潮“上补-中蓄-下阻”综合防控体系，相关成果获得 2020 年中国大坝工程学会科技进步奖一等奖。今日的奋勇出击，离不开日积月累的刻苦钻研，是时时不忘初心的使命责任感，让她担起了保卫民生的重担。

甘当水利人才“铺路石”

身行一例，胜似千言。2020 年，广州遭遇“5・22”特大暴雨前夜，杨芳发现内涝积水数据异常，立刻组织团队开启 24 小时积水点内涝实时数据监测和预测。灾情发生后，她马不停蹄组织珠江水利委员会珠江水利科学研究院专家团队现场调研和查勘，科学分析广州典型区域内涝成因，主动为广州市相关管理部门提供技术支持，获得了业内广泛认可和社会好评。

作为研究生导师，杨芳已培养5名研究生，正在指导1名博士后进行科学研究。她常说："科研工作是需要传帮带的，只有我们以身作则，才能成为后浪坚毅的'铺路石'，为他们引领前行的方向。"

18年来，杨芳深植科研生产一线，积累了丰硕的研究成果。她主持或参与完成科研生产项目达100余项，获得省部级科技奖励9项，发表学术论文40余篇，出版专著3部，授权国家发明专利9项、软件著作权21项，5项成果入选水利先进实用技术重点推广指导目录。

未来，杨芳将继续致力于服务粤港澳大湾区国家战略、珠江流域水安全，聚焦珠江河口咸潮防控、流域洪涝污染共治、珠江河口海岸带修复等重难点问题开展研究攻关，坚定不移为珠江流域和粤港澳大湾区水安全保驾护航。

◇ 本文发表于2022年1月20日《中国水利报》

◇ 作者：章倩

杨华良：用 30 年基层工作诠释“工匠精神”

重庆市城口县素有“九山半水半分田”之称，由于山大坡陡，人员居住分散，水利工作并不简单。

1969 年出生的杨华良是城口县水利局农村水利科负责人。从 1990 年 7 月参加工作开始，杨华良始终扎根水利基层一线，全身心投入城口水利事业发展与建设中。30 年，从基层员工到高级工程师，他用兢兢业业的工作生动诠释了何为“工匠精神”。

左脚后跟粉碎性骨折——他拄着拐杖上岗，为同事们做好前期工作

杨华良个头不高，但做事雷厉风行，在城口水利系统众人皆知。

2021 年 1 月 7 日下午，城口县城飘起了鹅毛般大雪，气温骤降，但在城口县水利局农村水利科办公室，杨华良和同事们正忙得热火朝天。“我们正在总结‘十三五’的成绩，规划‘十四五’的工作。”杨华良说。

杨华良（左）带着脚伤在办公室和同事们一起商讨方案
（城口县水利局供图）

杨华良起身走了两步，他的左脚有些异常。“没得事，现在好多了，前年下村踩滑了，导致左脚后跟粉碎性骨折。”杨华良说。

2018 年 12 月，杨华良和同事们到高观片区检查堰渠，路途中不慎踩滑摔倒，导致了左脚后跟粉碎性骨折。“当时就在镇上的卫生院简单做了处理，第二天才去医院检查，检查结果发现是粉碎性骨折。”杨华

良说。

住院了半个月，医生建议在家至少要躺 7 个月，但在家休养了 4 个月的杨华良就闲不住了，一心想着回去工作。杨华良说，一开始家属很不支持他的想法，甚至跟他闹了几天的别扭，但后来家属看到他非常执著，只好同意。

“2019 年正是脱贫攻坚工作的关键时期，农村安全饮水又是脱贫攻坚的非常重要的一部分，我得回去。”杨华良说，哪怕拄着拐杖，坐在办公室帮同事们做好前期工作，后期的项目落地也要轻松很多。

“在这个特殊时期，杨科长带病工作，对他的敬业精神表示敬佩，也让每一位城口水利人感动。”城口县水利局局长曾纪林说。

奋战在抢险一线——“凡是有抢险的地方，都有杨华良的身影”

水利人与江河湖海为伴，长期在风雨中坚守。在防汛抗旱和自然灾害事件应急处置中，更能彰显水利工程技术人员吃苦精神和技术实力。

2010 年 7 月 17 日，城口县庙坝镇发生洪灾并形成堰塞湖，场镇全部淹没，下游白水洞电站、坪坝镇、万源市大竹镇及沿下游河道居民 1 万多人生命财产安全遭受严重威胁。

杨华良等 3 名应急抢险技术组成员受命第一时间出发，行车经过高燕镇铁成坝遇到泥石流，公路阻断，只能徒步翻越。杨华良和同事冒着大雨和滚石危险，穿越荆棘丛林，经过 3 个多小时赶到受灾现场。他们用手机拍摄泥石流堆体及泄流现状，目测堆体长、宽、高，估算堆体量、堰塞湖下泄流量大小、下游安全程度等情况，并及时向县防汛指挥部报告，为市、县正确调度处置防汛抢险方案提供科学依据。

2020 年 7 月 15 日，城口县明中乡境内持续遭遇 4 个多小时特大暴雨袭击。场镇上游河水漫上公路，洪水冲进沿岸十几户群众家中。接连几天降雨导致公路塌陷，山体滚石、泥石流时有发生，乡内交通道路一度陷入瘫痪。杨华良冒着大雨和落石危险再次及时赶赴现场，针对场镇供水中断，果断提出临时供水方案，并安排明通水利工作站全力协助明中乡政府妥善解决。2 天内解决场镇 1000 多人临时供水问题，场镇饮水工程加快恢复重建。

杨华良参加工作以来，几乎参与每一次水旱灾害现场勘查、信息报送等任务，每一次都凭着自己的专业技能尽最大努力去保障人民群众生命财产安全。用同事们的话说：“这么多年，凡是有抢险的地方，都有杨华良的身影。”

同事眼中的“拼命三郎”——踏遍全县25个乡镇（街道）让百姓喝上放心水

“两不愁三保障”，水是不可或缺的一环。自脱贫攻坚战打响以来，杨华良便奔波在水利扶贫的路上。

2017年，为了解决岚天乡三河村水源问题，杨华良带着工作人员克服山高坡陡、项目点分散、交通不便等困难，通过规划和实施，有效保障了当地农村居民生活用水。规划人饮工程当天，身患低血糖的他直到下午四点多才吃上一口午饭。同事都说：“他就是个‘拼命三郎’。”

2018年，杨华良又先后为蓼子乡、坪坝镇、高燕镇等多个乡镇旱片区解决水源问题。坪坝大梁为典型的旱片区，2018年，杨华良等人深入坪坝大梁，为其解决人畜用水保障问题。经勘查设计，城口县水利局投入150余万元从巴山镇努力村寻找三股水源串接在一起，安装约10千米的管道引水到坪坝大梁长池垭并新建300立方米蓄水池，使旱片区近1000名群众饮水得到了保障，带动了当地养殖业的发展。

杨华良（左二）和村民们寻找水源

此外，他深入采矿、建厂、水工程等生产建设项目工地，现场宣讲水土保持法律法规。与城口县职教中心联合编写《城口县水土保持科普教育读本》，将课本带入该校课堂试点并推广；撰写《强化生态修复措施　有效防治水土流失》论文，对大巴山区和西南土石山区生态修复和防治水土流失具有积极作用。

不畏艰难、不惧困难，不落一户、不漏一人，这是杨华良的使命信条，他踏遍全县25个乡镇（街道）204个村（社区）的山山水水，只为老百姓喝上放心水。

在杨华良等广大水利人的努力下，2016—2019年，城口县共建成集中供水工程425处、分散式供水工程317处，新建蓄水池1303口，铺设管道 3072.61 千米，巩固提升饮水安全人口 18.19 万人，投入资金 16817 万元，覆盖贫困人口 44865 人 11619 户。

◇ 本文发表于 2021 年 1 月 31 日华龙网

◇ 作者：冉长军

杨启贵：一片丹心献江河

2008年汶川地震，在唐家山堰塞湖处置现场，一个身影始终忙碌着，他处置危急情况时的坚定与果敢，让在场的每位工作人员都吃下了一颗“定心丸”。这位临危受命的水利专家就是杨启贵。

从冲锋陷阵的“全国抗震救灾模范”到“百千万人才工程”国家级人选、国家“有突出贡献中青年专家”，从扎根水利水电事业的“全国工程勘察设计大师”到满腔赤诚献给江河的第三届“最美水利人”，杨启贵身上从来不缺乏荣誉。

“不要想着我们以前做过什么，而要看到我们还能做什么。”长江设计集团有限公司副总经理杨启贵常常这样警醒自己。

励精图治，誓为科技创新先行者

1979年，未满16岁的杨启贵被葛洲坝水电工程学院录取，就读水工建筑专业，成为水利工程师的梦想在他心中悄悄种下。至今，他仍清晰记得求学时地质踏勘的场景。

大二那年，写有“葛洲坝水电工程学院7911班”的旗帜悬挂在实习船上，一行人向着梦想出发。到野外实地踏勘给了杨启贵很大启发，也让他的专业能力迅速提升。大四下半学期，他到陕西安康水电站、四川渔子溪水电站、映秀湾水电站实习，这是在求学生涯中理论联系实际的关键一课。

1983年7月大学毕业后，杨启贵被分配到长江流域规划办公室（现长江水利委员会），在枢纽处的基础处理室从事规划设计工作。虽然是辅助专业，但他仍一步一个脚印地干好本职工作。就是这份脚踏实地，让他从基层画图的技术员做起，30岁时便担任基础处理室主任。

1997年，杨启贵离开建设中的三峡工程，负责全世界最高的面板堆石坝——清江水布垭水电站的勘察设计。坝型能否通过、工程何时开工均未知，水布垭水电站是个不被看好的项目。

历经十年磨砺，水布垭水电站最终荣获国家科技进步二等奖、国际大坝委员会授予的“里程碑工程奖”、国际咨询工程师协会授予的“菲迪克全球工程项目优秀奖”。

2002 年 7 月，38 岁的杨启贵已担任长江勘测规划设计研究院（现长江设计集团有限公司）党委委员、总工程师，2013 年 9 月，任长江设计院副院长兼总工程师。其间，他始终带领团队为长江流域、为国家水资源配置做好规划，负责技术评估审查和抗洪抢险等多项工作。

创新是杨启贵工作动力的源泉。在工作实践中，潜心钻研业务的杨启贵承担葛洲坝、隔河岩、三峡、巴基斯坦卡洛特等 40 余项大中型水利水电工程的设计工作，他主持的每一套设计方案都是在不断比选、不断否定、不断创新、不断优化中完成的。

首次提出深切岩质边坡开挖卸荷模型，揭示边坡开挖卸荷应力变形响应特征，为三峡船闸高边坡的安全运行提供有力支撑；深切边坡变形稳定控制新方法广泛应用于水利水电工程高边坡开挖支护设计，部分技术纳入行业标准……39 年的工作中，几乎每一个有关长江流域的大事件都有杨启贵带队的足迹。他所参建的项目，获得国家科技进步奖 2 项，全国优秀工程勘察设计金奖 1 项、银奖 1 项，省部级科技奖励 20 余项。

危急关头，勇当冲锋陷阵逆行者

“哪里有险情，哪里就有他。”同事是这样评价杨启贵的。每每遇到重大水旱险情，总能在一线看到杨启贵的身影，丝丝白发染满了风霜。作为水旱灾害防御专家，他参与的抢险救灾达 30 余次。

杨启贵（左二）在甘肃舟曲泥石流灾害现场查勘

2000 年，亚洲第二大泥石流区域的西藏通麦天险发生滑坡，导致易贡藏布江断流。为国效力，义不容辞，杨启贵毫不犹豫赶赴现场，克服高原反应，制定减灾方案，实现了次生洪水伤亡为零的目标。

2008 年，8.0 级地震突袭汶川，唐家山堰塞湖排险告急。杨启贵作为国家派往灾区的首批水利专家，不顾余震直奔现场，坚守坝顶 7 天 7 夜，不仅首创引冲渠快速泄流方案，还兑现了“不让一名群众伤亡”的承诺。在鲜有相关经验的情况下，他还提出高危堰塞湖抢险技术，填补了国内外技术空白。灾后，国务院抗震救灾总指挥部发贺电称，他创造了世界上处理大型堰塞湖的奇迹。

“群众现在最需要我们。”2010 年，亚洲第一大泥石流群的甘肃舟曲发生特大泥石流，杨启贵星夜驰骋进入灾区，与险情过招，与时间赛跑。每天，他到堰塞湖勘测查看、掌握动态，其间脚关节拉伤、肿胀严重，他一跛一瘸不下火线，提出的“丁字堰”方案被采纳并发挥巨大作用，为堰塞湖顺利除险立下战功。

2018 年，西藏昌都白格村境内金沙江右岸发生山体滑坡，2 千米左右的金沙江江段被堰塞体完全截断，形势严峻。杨启贵等一行水利专家冒着危险，前后三次赶赴抢险一线指导现场除险，制定抢险技术方案，准确预测除险时间，取得最终胜利。

在国内外多次重大堰塞湖险情应急处置中，杨启贵积累了丰富的实践经验，使我国堰塞湖处置逐步驶入科学有序的轨道。杨启贵负责编制的世界首部《堰塞湖应急处置技术导则》，构建了堰塞湖应急处置方法体系，应用于易贡、唐家山、白格堰塞湖的实战之中，减灾效益巨大；提出的《堰塞湖等级划分及安全标准构想》，被世界上第一部堰塞湖处置规范《堰塞湖风险等级划分标准》采纳，是现行堰塞湖处置的唯一有效规范。

作为一名党员干部他深知，当遇到急难险重任务之时，就是水利人冲锋陷阵之时。面对提升国家水安全保障能力的艰巨使命，杨启贵始终探索思考，努力服务于长江大保护等国家战略。

“读书时求真知、练本领，就是希望能在急难险重面前为人民、为国家作贡献，这是工程师应尽的职责，也是党员应有的初心。”杨启贵说。

◇ 本文发表于 2022 年 4 月 28 日《中国水利报》

◇ 作者：周子励

叶添从、方晓海：十年扶贫路　一生“山海情”

2500千米的奔赴，600个日夜的守望，一生难忘的“山海情”。对于厦门市水利局东西部扶贫协作挂职干部叶添从、方晓海来说，不管距离多远、时间多久、行路多险，只要责任在肩，只要甘肃人民常要用水，厦门水利人就一直在路上。

携手共赴奔小康

甘肃省临夏回族自治州东乡族自治县地处青藏高原与黄土高原两大高原过渡地带，位于黄河上游，山谷多、平地少，自然条件恶劣，平均海拔为2000米，最大高差为3073米。巨大的高差造成了这里千百年来“望得见水，听得见水声，就是喝不上水”的困境。2013年2月3日，习近平总书记来到海拔1900多米的东乡族自治县高山乡布楞沟村视察调研，留下“把水引来，把路修通，把新农村建设好”的殷殷嘱托。

叶添从（右）检查饮水入户情况

2010—2020年，厦门市与临夏回族自治州结对开展东西部扶贫协作，厦门市水利局累计向临夏回族自治州拨付农村饮水安全财政援助资金超1亿元，约占厦门市援临资金的6%。厦门市水利局选派叶添从、方晓海等水利专家，同其他近2000名专业技术人才到达临夏，完成习近平总书记的殷切嘱托。

引水不顾行路难

叶添从清楚地记得，2019 年 6 月 22 日早，在去永靖县进行入户饮水安全冲刺清零抽查时，公务车行驶在盘旋陡峭的山路上，车辆突然剧烈地左右摇晃起来，一番碰撞后，小一半车身已悬空在万丈绝壁上。原来，因为前一天晚上下雨，巨大的昼夜温差让路面积水结冰，导致轮胎打滑。

方晓海（右）与同事们奋战在供水一线

叶添从回忆起那天的经历，至今还感到脊背发凉，但他说，行路再险．只要群众需要用水，必须一往无前。

东乡族自治县水务局马局长说，东乡族自治县的饮水安全问题能够得到较好的解决，凝聚了自治州党委政府的支持和专家帮扶团队的汗水，水利专家组近 600 个日夜走遍了东乡族自治县 3000 多条沟壑，近 2000 条梁峁。

“车子上不去，我们用双脚去丈量！”这是叶添从、方晓海扶贫路上贯穿始终的信条。

山海和鸣共情深

扶贫的十年中，厦门水利人的足迹遍布临夏回族自治州七县一市千沟万壑，他们上山、巡河、检查、监督、核查，将治水兴水的初心写在黄土大地上，把青春融进“农村饮水安全精准扶技”工程，成为临夏告别千年饮水困难的参与者、见证者。

叶添从、方晓海手机里一直存着一张照片，这是饮水安全项目竣工时，临夏大爷激动幸福又饱经风霜的脸庞，真挚感激的眼神让人永生难忘。现在，临夏农村每家每户的水池都写着“吃水不忘总书记，永远感恩共产党”。

2020 年 11 月 21 日，甘肃省东乡族自治县、临夏县完成脱贫摘帽，标志着临夏回族自治州所有县市全部脱贫摘帽。这则消息振奋了两地人们的心，也意味着叶添从、方晓海离别的日子越来越近……

叶添从连续两年获得“优秀共产党员”荣誉称号、考核“优秀”等次；2021年3月获得临夏回族自治州“优秀挂职帮扶干部”荣誉称号。方晓海获得临夏回族自治州水务局“2020年度优秀共产党员”荣誉称号。

临夏所需，厦门所能。十年来，厦门市为临夏回族自治州实现乡村振兴注入了力量，汇聚的“山海情”更成为挂职干部们一生受用不尽的宝贵财富。

◇ 本文发表于2021年8月7日《中国水利报》

◇ 作者：蔡彦婷

尹远明：汩汩水脉润泽美丽乡村　他让“钉子村”变样

“现在水够不够用？抽水多不多？过滤消毒机器运行没有？”冬日的重庆市铜梁区人和村，静谧恬美，薄雾笼罩在佛手柑橘林中，铜梁区水利局副局长尹远明穿梭其间，边走边问边看，时而打开过滤装置看运作，时而蹲身扒开泥土，检查水管埋设情况。

工作中的尹远明

“放心，现在水用都用不完！”七社村民李光远打开家门口的水龙头，流水汩汩涌出，李光远笑着掬起一捧，洗了个爽快的冷水脸：“这水好哟，你看！清亮得很。”

2020 年，管网改造完成后，人和村家家户户用上了自来水，笑容、满足、感恩代替了满面愁容……

群众所急“抓紧点，再抓紧点”

曾经，人和村是出了名的信访“钉子村”，因为历史遗留问题，几乎每季都有人上访，大部分和吃水问题有关。

2019 年，尹远明带头找新水源、做群众工作，随着人和村集中供水工程的完工，1000 余户村民用水问题得到解决，一个“钉子村”在汩汩水脉润泽下，变成了和谐村、幸福村。

“水通了，心就通了！”在水利岗位十余年，群众用水之苦，尹远明最能感同身受。

“观渝西之铜梁，江河纵横，拥两江一溪三河流；支流遍布，纳二百四十五分支，因降雨季节严重不均，至旱涝灾害相互交替。”铜梁区水利局大厅，挂着一首《铜梁水利赋》，开篇数语，就囊括了铜梁人面临的水困境。

尹远明印象最深的是2006年7月，铜梁区发生多年不遇特大干旱，多地农村出现饮水困难，特别是安溪镇龙峰、金滩等3个村3000多名群众无水可吃。

尹远明（右三）深入群众家了解饮水问题

“抓紧点！抓紧点！”尹远明了解情况后，立即冒着高温酷暑，赶到各村各社查看旱情，组织协调安溪镇政府的干部、车辆送水到户，同时，从相邻的围龙镇供水厂安装临时应急供水管道。

“看到群众吃上干净放心水后向我们道谢，我由衷高兴，深感自己责任重大，真正找到了人生使命。”尹远明说。

一旦坚定了信念，工作起来就有了动力和目标。为彻底解决全区饮水安全问题，他十年如一日，深入基层，走村串户了解饮水现状，掌握第一手资料，根据缺水实际现状，周密计划具体的农村人饮工程建设地点。

“他总是叫我们抓紧点，再抓紧点，经常深夜加班，不知疲倦。”作为尹远明的老搭档，水利工程建设质量事务中心负责人曾珂回忆。

2019年1月，尹远明牵头实施铜梁农村饮水安全巩固提升试点工作，积极推动城乡供水一体化建设，顺利完成24个镇街水厂合并。围绕全区供水提质上档，他还大力推进镇级水厂、村级供水工程巩固提升改造，积极为群众饮水安全感、获得感、幸福感贡献力量。

工程质量“宁慢点，再看细点”

虽然群众的诉求一刻不等，但尹远明从不因为抢进度怠慢工程质量。

2013—2019年，尹远明所在科室牵头实施了民生实事山坪塘、渠道、电灌站整治项目。

2018年夏天，贫困村金滩村发展辣椒产业受困于灌溉用水，尹远明连续多日深入田间地头，查看现场，帮助选定山坪塘修建地点；又积极协调镇政府和村社干部，督促施工单位加快组织施工，在一个月内就完成山坪塘和输水渠道建设。

工程完工后，他及时组织相关人员，冒高温、战酷暑，分组开展竣工验收。管道走向、填埋深度……他一处也不马虎。此外，他还积极帮助金滩村改造农村人饮管网 6 千米和危房 7 户。

尹远明（左一）查看在建工程

“他不讲情面，讲原则。”一位项目负责人回忆，山上有些石头不好挖，但尹远明要求不管多难，都要按照设计方案实行，水利科安排专人现场监督质量，把关重要环节，还常以抽查的方式，选一段管道挖开核查填满深度，一旦发现问题立即整改。

“2018 年，我们的辣椒基地，因为缺水只试种了几十亩，山坪塘修好正是 8 月雨季，可以储水 200 多立方米，灌溉问题解决后，2021 年已经发展到 450 亩。”金滩村驻村干部介绍，自从村里成立了红丰辣椒专业合作社，参与的农户已达 20 多户，年产值 20 余万元。

近年来，铜梁全区整治完成山坪塘 3391 口，工程合格率 100%；新增蓄水 544.73 万立方米，新增灌面 12.39 万亩，恢复、改善灌面 14.55 亩，项目区受益人口 24.43 万人，达到了“能蓄水、无病险、真管用”的目标，尹远明始终把整治的质量放在第一位。

农村水利夯实乡村振兴基础

水利是农业的“命脉”，也是实施乡村振兴战略的重要支撑。

数据最有说服力。集中供水方面，铜梁 5 个贫困村自来水普及率达到了 98.8%。全区农村人口集中供水率达到 95%。

灌溉工程方面，同样成绩亮眼。

尹远明组织实施了濑溪河大灌区节水灌溉工程，整治渠道 15.21 千米、提灌站 8 处，新增灌溉面积 0.09 万亩，改善灌溉面积 0.7 万亩，年节水量达 190 万立方米；完成响伍中型灌区工程，整治渠道 32.84 千米、提灌站 4 座，改善灌面 3.16 万亩；完成淮远河中型灌区建设，整治改造干、支渠 14 条、17.74 千米，整治泵站 10 座；河坝重点中型灌区建设也如火如荼。

“跨入新世纪，水利谱新篇。铜梁水利人，兴水劲正酣。玄天湖，碧波荡漾，云淡淡兮鸟翔，水泠泠兮鱼欢；小北海，运筹帷幄，旗猎猎兮机鸣，风浩浩兮扬帆。吁！书尽铜梁水利史，唯恐墨汁永难干。兴水月月有新貌，治水年年有奇观。”这是《铜梁水利赋》的后半章。在铜梁，同尹远明一样，越来越多水利人兴水劲正酣，让汩汩水脉润泽美丽乡村大地。

◇ 本文发表于2021年1月9日华龙网

◇ 作者：袁舒含

张超然：耕耘江河　“超燃”人生

张超然的家中没有太多装饰，最引人注目的就是墙上一字排开的 6 张大坝工程照片，分别是葛洲坝、三峡、向家坝、溪洛渡、白鹤滩、乌东德 6 座巨型水利水电工程。问起老人过节准备了什么好吃的，他淡然一笑：“什么都没买，就跟平常一样，昨天下午去买了两颗白菜回来。”

这位“两颗白菜过节”的老人，就是中国工程院院士、三峡集团原总工程师张超然。工作 56 年来，他的足迹踏遍祖国大江大河，将一座座巨型水利水电工程定位成人生坐标，书写出“超燃”的水电人生。

攻克三峡工程难题的“超燃”作为

“做总工程师就要敢负责！”这是张超然经常说的一句话。

1996 年 8 月，张超然出任中国长江三峡工程开发总公司总工程师。一到工地，他就全身心投入到三峡工程当中，参与决策工程重大技术问题，组织科技攻关和成果应用，解决施工中的技术和质量问题，为工程建设倾注智慧心血。

三峡工程大江截流，二期围堰、导流明渠截流、大坝混凝土高质快速施工，永久船闸特高直立边坡开挖与变形控制，巨型水轮机蜗壳埋入方式……张超然不仅带领建设者攻克了一系列世界级技术难题，创造了多项世界第一，还组织编写《三峡工程质量管理办法》等质量管理文件，撰写《三峡工程质量管理与控制》等论文，主持编制 135 项《三峡工程质量标准》，形成了一整套高于国内水电行业规范的三峡标准体系，为确保三峡工程达到世界一流质量和水平提供了重要技术保障。

2003 年，张超然当选中国工程院院士，他淡然地说：“我就是一名普通的三峡工程建设者。”

践行科学精神的“超燃”使命

人们常常把张超然比作二滩工程的“把关人”、溪洛渡工程的“主心骨”、三峡工程的“参谋长”。这些称呼是一种美誉，可在张超然心里，更是一份份沉甸甸的责任。

这份责任让张超然对三峡工程充满敬畏之心，时刻保持“如履薄冰，如临深渊”的态度，他要求自己要以实事求是的科学精神建好三峡工程。“一项重大水利工程建设，从论证到建设，会遇到许多不同意见。作为技术负责人，既要虚心听取各方意见，又要按照规程规范和技术标准，并结合现场实际情况，科学严谨地分析技术资料，关键时刻要敢于拍板，更要敢于承担责任。”张超然说。

在张超然的言传身教下，一批杰出青年成长起来。曾在他身边工作过的向欣仍记得张超然传递给他的价值观：既要“本领高”，也要“骨头硬”；既要有科学态度，也要有负责精神。

奔走在纵横沟壑的“超燃”精力

“怕苦就不要学水电，干水电就要准备吃苦。”这是张超然的口头禅。

无论是工作日还是节假日，张超然都坚守在工地，或是召开技术论证会，或是审阅技术文件，查阅各类资料，似乎昼夜不息。1996—2002 年的 7 年间，他在三峡工地上度过了 6 个春节。

随着金沙江上一批国家重大水利工程陆续筹建和开工，张超然又开始奔波于三峡工程和金沙江之间，与处在山高水深、沟壑纵横之地的向家坝、溪洛渡、白鹤滩、乌东德水电站工程结缘。

张超然（左一）在向家坝水电站建设工地指导技术问题（高峰　摄）

在转战金沙江的日子里，即便道路崎岖，年事已高的张超然还是将大部分时间留给建设一线，从一个坝段爬到另一个坝段，从一个廊道走到另一个廊道，主持各类技术审查和咨询会议，指导设计和施工，编写有关技术报告，经常与深夜的星空相伴。

曾经在张超然身边工作过的三峡集团科技管理部副主任李晶华还清晰地记得，仅 2012 年，张超然赴溪洛渡工地 13 次，赴向家坝工地 15 次，全年在工地工作天数达 140 多天，主要节假日都在工地度过。

书写水利担当的“超燃”笔记本

如今，82 岁的张超然仍退而不休、勤耕不辍。坚持每天上午到办公室义务上班的他，在办公桌上放着一摞笔记本，密密麻麻地记满了数字，人们称之为“大数据”作业本。“我非常注重数据分析。40 多年坚持下来，积累了近 200 本。”张超然说。

这是一份什么样的“大数据”?

翻开笔记本，里面记录的数据令人震撼：不同年度、不同时段对大江大河的水情、流量等数据进行对比，可以分析发现相关趋势和问题；坝址两岸山体变形，会对坝体尤其是拱坝受力状态产生影响的数据分析；向家坝升船机下游引航道出口水力学条件是否达到设计要求的一系列数据……

几十年来，张超然高度关心三峡、向家坝、溪洛渡、白鹤滩、乌东德等大型水电站建设和运行情况，每天都要将相关部门发布的水情、工程原型监测等关键数据，以及主持和参加相关专题技术会议等的资料抄下来，日积月累，形成了海量“大数据”，成为他深入分析研究并随时掌控大坝建设和运行情况最宝贵的第一手资料。

只问耕耘江河，不求自己收获。张超然一生行走江河之上，身影早已镌刻进一座座巍峨大坝之中。

◇ 本文发表于 2022 年 6 月 9 日《中国水利报》
◇ 作者：彭宗卫

张帆：征途漫漫治黄路　薪火相传守河人

巡视维护堤防，是沿河基层水利人每天的工作。黄河沿岸是治黄工作的最前线，也是黄河人的“练兵场”，是离黄河最近的地方，一代代治黄人在这里书写了人生芳华。

巡堤查险保安澜

河面波涛拍岸，撞击着堤坝。在堤坝另一侧，不时有行人和车辆经过，南岸的沿黄乡村生机勃勃。这不禁令人感叹，正是那些为守护堤坝而风吹日晒的堤防巡查员们，守护着一方平安。

“这儿就是马渡下延，俺们管理班就在对面，是离黄河最近的地方。”张帆在接受大豫网记者采访时说道，“俺们每天的工作就是巡视堤防，观测水位。”37岁的张帆，干练、踏实，皮肤黝黑。已经在堤坝上巡查了5年的他，对于堤坝有着很深的感情，沿河一线的情况，他更是了然于胸。张帆负责巡查的堤坝全长8千米左右，由马渡下延控导工程沿岸线向南再一路往西，途经马渡村交界处，至老石桥村交界处再原路返回。张帆每天上下午各巡查一次，一来一去就是32千米。无论日晒雨淋还是风霜雨雪，总能看到他骑着电瓶车穿梭在马渡下延的堤坝之间。在张帆的电动车后车架上，一直挂着一个醒目的救生圈，因为上堤巡查除了不能放过影响堤坝坚固的各类隐患，还要及时劝阻出现在堤坝上的违规行为，像河边钓鱼、下河游玩、堤坝烧烤、违章搭建等现象，都得管。备着救生圈，就是为了遇见危险时，能够及时施救落水人员。巡查的路上，张帆总是走走停停，爬上爬下，到了不远处因雨水冲刷而产生的凹陷处，他停了下来，掏出身上的笔记本，开始记录起来，确认位置后继续往前走去。看着张帆忙碌的身影，脚下的堤坝仿佛又坚实了许多……不入基层，又怎知其中甘苦。堤防巡查员就是眼要尖、腿要勤，决不能放过一处工程缺陷。

张帆巡查河道

日复一日，风吹日晒。被问到工作累不累时，张帆总是摆摆手："习惯了。"2021 年 25 日早上 6 时，张帆像往常一样到马渡下延附近巡视。"昨天天气预报说是今天要下雨，我来看一下水位，没啥事就在沿线转转，看看有啥别的情况没。"张帆说，"在这里每天早上起来的第一件事就是到管理班附近的堤岸看看，然后再回去洗脸、刷牙、吃饭。"

每年的七八月，黄河进入汛期。这是张帆他们最忙的时候，他们要加紧巡坝查险，及时抢护险情，确保黄河大堤万无一失。在此期间，惠金黄河河务局马渡工程管理班所辖的马渡下延 21 道坝，包括马渡险工坝、垛、护岸等地，张帆等守河人需要早、中、晚各巡查一遍，还要每两小时观测一遍水位，全班的人几乎昼夜不停歇。

千里之堤，溃于蚁穴。为了黄河堤防的坚固长久，他们辛勤付出，谱写着青春的劳动者之歌。

"弃文从武"锻精兵

2002 年，张帆从部队退伍，从小在黄河边长大的他，能够重回家乡参与治黄工作一直是他对职业生涯的最美期待。从小喝着黄河水长大的张帆，心里一直憋着一股劲儿，一定要留在黄河边，像父辈那样把黄河的事情办好。

参加工作后他坚决踏上了治理黄河的征途。刚刚参加工作的张帆在惠金黄河河务局机动抢险队工作，不久后，便被抽调到防汛办公室做文职。面对千头万绪的防汛事务，他沉下心来，条条梳理，高效地完成了根石加固、接险报险等各项工作任务。在防汛办公室工作的 6 年，勤奋好学的他熟练掌握了防汛抢险基本知识和接险报险流程以及各类报告、材料的撰写工作。

2016 年 5 月，为了更好地将理论知识运用到防汛实践，他毅然放弃在机关“坐办公室”，去了堤防一线做修防工，投入到防汛抢险的实战中去。防汛值班、河势查勘、巡堤查险、险情抢护成了家常便饭，一年 365 天，一天都不能少，他吹的是最烈的风，晒的是最毒的太阳。当汽车从黄河大堤上飞驰而过，张帆自豪地说：“天天守着这大堤，看着它一天天变化，当初来一线工作，真的值!”张帆对黄河的感情，是从儿时就开始养成的，在黄河岸边长大的张帆，从小就听父亲讲黄河的故事，看黄河上的人，对黄河有一种难以割舍的深情。

2019 年 9 月，张帆在日常巡堤查险时发现马渡险工 28 护岸、29 坝受上游洪水大溜顶冲、回流淘刷影响，迎水面发生根石台坍塌、墩蜇，造成较大险情，如不及时处置将严重影响堤防安全。张帆立即向惠金黄河河务局防汛办公室上报，惠金黄河河务局在第一时间上报市局，迅速组织人员进行险情抢护，并紧急调集抢险物资到坍塌处。经过抢险队员们的日夜抢修，最终险情得到有效控制，将此次暴雨冲刷威胁堤防安全的隐患成功消除，确保了汛期行洪安全。张帆说：“看到险情得以控制，俺们的付出便都值得了。”

张帆（右二）参加 2022 年综合应急演练堤防巡查

转眼间，一晃 5 年过去，当年“坐办公室”文质彬彬的白皙青年经历岁月打磨，变成了守护黄河安澜的粗犷汉子。作为一名“黄二代”，张帆接过父亲手中的接力棒，全身心地投入到了治黄工作中，两代治黄人在黄河岸边摸爬滚打，守护黄河安澜，造就了他对人民治黄事业的忠诚，培养了他对黄河的真挚感情。滚滚流淌的黄河见证着岁月的沧桑，一代代治黄人用执著和智慧守护着她。

科技创新防大汛

在平日的工作中，张帆特别爱琢磨，同事眼中的他，喜欢深思细究，凡事总要盘根究底，执著于摸清“门道”，特别是对于防汛抢险技术，正是凭着这股子韧劲儿，他的技术水平突飞猛进。防汛抢险、河道修防等技能，都逐渐成了他的“专业本领”。对于防汛抢险技术，他大胆创新，对河势观测台水草杂物清理方法进行改进。通过将打捞水草的钉耙安装在可分段连接的把手上，并配以水草剪、铁锹、镰刀、斧子、锤子等工具，可随时更换，以适应巡查时的浪窝填垫、树胡清理等工作，方便日常巡查时携带。

2020 年 6 月，黄委开展防御大洪水实战演练。29 日 8 时，花园口水文站实测最大流量达到了 5520 立方米/秒，位于河南惠金黄河河务局的马渡下延控导工程，水位骤增。坝岸上，张帆正在利用“集成电控探测装置”对坝岸险情及现时水位进行实地探测。该套装置与一年前初次研发时相比，探测更精确了，而且更加智能了。张帆说，在实际应用中，他们对黄河防汛“集成电控探测装置”的关键技术进行了不少改进，根据防汛抢险、水位观测的需要，增加了水位流速及夜间检测模块。该套系统已经在惠金黄河河务局马渡下延、东大坝下延控导工程，以及中牟黄河河务局九堡控导工程进行了推广应用。

“集成电控探测装置”是河南惠金黄河河务局依托全局一线运行班组开展河势观测开发的一套险情探测装置，方便险情探测，精准查找管涌、漏洞等险情，极大改变了过去黄河防汛“防守靠人力、巡查靠人眼”的工作状态，提高了黄河沿岸基层防汛工作管理水平和工作效率，为防汛抢险争取时间，做到抢早、抢小，降低抢险成本和风险。张帆作为该项目的主要研发人员之一，见证了“集成电控探测装置”在防汛抢险实践中不断优化创新的过程。

张帆（左）和同事查看险工河势

是金子总会发光的。年近 40 岁的张帆已经逐渐成为一颗耀眼的新星。近年来，忙于科技创新的他荣获了多项荣誉，但在进步的道路上，他从未停止。张帆说，他会以此为动力，继续努力，不断提升自己，为科技防汛贡献自己的一份力量。

苦练内功为治黄

2019 年 9 月，习近平总书记视察河南，并在郑州召开黄河流域生态保护和高质量发展座谈会，强调要让黄河成为造福人民的幸福河。加强生态保护治理、保障黄河长治久安、促进全流域高质量发展是时代赋予新一代治黄人的使命和担当。为完成这一重大使命和担当，张帆有他自己的方式。

平日里，基层管理班工作繁杂，头绪众多。大到工程抢险，小到巡堤查险，强烈的使命担当意识，让张帆无论干什么工作，始终保持脚踏实地、一丝不苟的敬业精神。仅 2021 年，他就连续参加了惠金黄河河务局防汛值班、防御大洪水实战演练、工程施工土方保障等重点工作，并最终荣获郑州黄河河务局防御大洪水优秀个人、惠金黄河河务局优秀个人等多项荣誉。

2021 年春节期间，由于正值凌汛值班，他便把节日团圆的机会让给了其他职工，自己主动要求春节值班，揽下了大年三十和初一两天的值班。他说，虽然没有回家与家人团圆，多少有点遗憾，但与母亲河共同守岁，这节日过得更有意义！

为了母亲河的安澜，张帆胸怀对治黄事业的热爱，不辞辛苦，不畏艰难，在最基层的岗位上积攒力量，练就不平凡的技能本领。从 2014 年开始，张帆便下尽苦功，刻苦学习，利用业余时间，考取了水利水电工程专业的注册二级建造师执业资格证书。考试顺利通过更加吸引了他对工程施工理论知识的兴趣，到 2015 年，他又开始复习一级建造师的课程及相关知识。年复一年，日复一日，他连续考了七年，终于在 2021 年拿到了水利水电工程专业的一级建造师执业资格。张帆锲而不舍的坚持，造就了如今的他。他是治黄路上的奋斗者，用平凡工作的进步，构成了治黄事业蒸蒸日上的乐章；他牢记总书记的嘱托，深刻地诠释了让黄河成为造福人民的幸福河的时代意义。

张帆进行夜间巡查值守

◇ 本文发表于 2021 年 7 月 8 日《黄河　黄土　黄种人》公众号
◇ 作者：孙冬

张光林：汛期结束就是新一轮备汛开始

2021年汛期，汉江流域发生持续时间长、超20年一遇秋季洪水。丹江口水利枢纽从7月24日开始全面进入“战时状态”，他24小时在岗带领职工分三组不间断巡检，每天几十趟地奔波于坝面、廊道；汛期，他和团队精准执行调度指令116道，启闭闸门148次，创造了丹江口大坝加高以来的最高纪录……他就是汉江水利水电（集团）有限责任公司丹江口水力发电厂起运分场主任张光林。

张光林在调度室操作深孔闸门远程集控系统（张奥洋　摄）

2021年，在水利部坚强领导和长江水利委员会精准调度下，张光林和防汛一线职工坚守岗位，精准执行调度指令，为丹江口水库首次成功蓄水至170米正常蓄水位把好闸门，为成功抵御汉江流域超20年一遇的秋季大洪水履职尽责。

落实“四预”备汛早

作为丹江口水利枢纽防汛一线的负责人，张光林深知“防汛责任大如天”，严格落实“四预”（预报、预警、预演、预案）措施。汛前，他提早谋划部署，倒排检修工期，责任层层落实到人，启动党员骨干早8点上班、晚8点下班、每周无休的“887”检修工作模式，多措并举把握防汛主动权，带领团队加班加点奋战135天，于2021年4月29日提前完成防汛设备汛前检修工作，及时开展了深孔泄洪及防汛备用电源倒换应急演练，为丹江口水库实现170米蓄水目标奠定了坚实基础。

精确操作速度快

“起运速度，精确到秒！”这是张光林反复强调的重点，也是确保每道调度令精准完成的关键。

虽然启闭表孔只需要8分钟，但是吊具准备、闸门分解锁定等前期准备到操作完成需要近两个小时。为此每道防汛指令下达前，张光林都严阵以待，通知当班人员早早到位检查设备状况，做好启闭闸门的准备工作，接收到指令后，火速到达现场督导操作，将时间精确到秒。

2021年国庆假期期间，丹江口水库水位逼近170米，工程安全面临严峻考验。张光林及时召开防汛迎战洪峰动员会，统一思想，严肃纪律，压实责任，为打赢攻坚战作好一切准备。

2021年10月10日14点，丹江口水利枢纽迎来了历史性时刻！丹江口水库首次达到正常蓄水位170米，按照水利部、长江委、丹江口水利枢纽管理局精细化调度指令，10月10日至11月1日，张光林带领团队高频次完成了58次闸门启闭指令，将库水位维持在169.96～170米之间达56天，实现厘米级精准控制。充分检验了丹江口大坝的安全运行性态，也为南水北调中线一期工程总体竣工验收创造了有利条件，取得了防洪和蓄水工作的双赢。

身先士卒作表率

作为防汛一线的党员干部，张光林把靠前指挥、勇于担当落实在行动上。无论是凌晨2点启闭闸门，还是顶风冒雨排除故障，无论是膝盖积水疼痛难忍，还是几天几夜连续坚守，他都与职工奋战在一起，带领团队履职尽责、迎峰搏浪。

主汛期时，他经常熬更守夜执行防汛指令、处理设备问题，同事们都称他为“铁人”，其实哪里有什么铁人，他是因为责任和使命而坚守。张光林的努力和付出得到了上级领导和同志们的一致认可，先后获得“全国水旱灾害防御工作先进个人”、长江委防汛抗旱先进个人、汉江集团优秀党员、丹江口市劳动模范等荣誉称号。

征途漫漫，唯有奋斗。张光林把“每次汛期的结束就是新一轮备汛的开始”牢记在心，继续投入到丹江口水利枢纽的运维管理工作中，全力做好各项备汛工作，为确保枢纽安全和汉江安澜贡献力量。

◇ 本文发表于 2022 年 1 月 28 日《中国水利报》

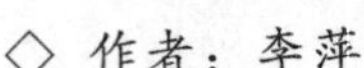

◇ 作者：李萍

张洁：以“奋斗指数”换“安澜指数”

仲春时节，渝东北开州区乍暖还寒，春耕生产已经火热起来。正在田里劳作的蔬菜种植专业户任登秀谈起2021年重庆市南河的汛情时说：“幸亏区水利局张科长提前向我们发布大洪水预警，及早通知抢收，才让我免遭损失。”

任登秀提到的张科长，就是荣获2021年“全国水旱灾害防御工作先进个人”、重庆市开州区水利局河道管理与水文水旱灾害防御科科长张洁。

当好防汛“活地图”

南河，是重庆市开州区四条重要河流之一，也是暴雨洪水多发频发地。沿河两岸是全区重要的物流园区和现代农业园区，防汛任务极为艰巨。

作为防汛“活地图”的张洁，每年汛前都要对防汛重点场集镇和薄弱环节进行检查，补充物资、清理完善安全转移标识标牌、发放宣传资料等，向广大人民群众普及山洪来临时逃生和避险的知识。特别是七八月正值当地暴雨山洪最为集中的季节，张洁带领防汛专业队伍提前研判，精准科学测报。

张洁（左）参加防汛会商

（郭功荣　摄）

“预报的雨水情信息不仅要掌握在我们手里，更要及时地传递给群众，才能真正做到防灾减灾，保障人民生命财产安全。”张洁提到的传递信息，关键环节就是由他牵头建立的开州区雨水情预警预报系统。2021年6月18日，南河流域突降大暴雨，局部地区 24 小时降水量达到 249 毫米。区水利局通过系统对收集到的 1 小时降水量、河水水位上涨速度、流速及未来降水量等资料进行分析判断，预测洪水抵达沿河临江、竹溪、正安等重要场镇的时间，提前 2～3 小时发出预警，逐级通知转移沿岸群众 3510 人。

“预警预报对我们农户来讲，就是救命稻草。”对于一直居住在南河竹溪河段春秋坝的任登秀来说，有了洪水预报的保障，发展蔬菜产业的劲头更足了。

勇当防汛“排头兵”

人民至上，生命至上。作为冲在开州区防汛一线的“排头兵”，张洁始终牢记自己的职责使命，用“奋斗指数”换取江河湖泊的“安澜指数”，他的勤勉务实同样影响着整个团队。

区水利局河道管理与水文水旱灾害防御科仅有 7 名职工，担负着全区 160 条大小河流、40 个镇乡街道、168 万人的防汛安全。进入汛期，张洁带头值班值守，2021 年 7 月 6 日，在收到强降雨天气预警后，张洁带领团队快速收集水文数据，通知映阳河沿线乡镇，与区防汛指挥调度中心保持联络，鏖战几个通宵后，开州区顺利度汛。

2021 年 8 月 28 日，张洁到临江水文站巡查时发现南河人行桥即将被淹，但桥上仍有村民经过。见此情况，他立即在桥口设置路障，劝阻群众通行，其间共劝阻 12 辆车和 13 人通行。前后不到 20 分钟，桥梁被淹没，直到与镇村干部在桥梁两端设置警戒线和安排人员值守后，张洁才离开。

数年来，张洁从一名三峡移民干部成功转型为一名水旱灾害防御干部，向开州区人民群众交上了一份合格的答卷。张洁在每年汛期密切监视水情工情，累计发布汛情 658 期；严把涉河建设项目行洪审批，完成 62 件涉河审批；河道划界 1431 千米，设置界桩（界牌）1914 处、公示牌（告示牌）150 处；全面完成全区河道岸线保护与利用规划编制工作；每年汛前做好风险排查，确保 7 个水文站、400 余个自动雨量站和水位站正常运作……

“作为一名水利人，我要始终把老百姓的安危放在心上、扛在肩上。”张洁话语铿锵。

◇ 本文发表于 2022 年 4 月 7 日《中国水利报》
◇ 作者：廖中顺

张绍炜：水利人的价值在一个个利民工程中得到升华

2020年12月18日，伴随着一道闸门缓缓下落关闭导流洞，国家172个重点水利项目之一——重庆市观景口水利枢纽工程顺利完成下闸蓄水。此工程将解决南岸区江南新城69万人供水，同时承担重庆市中心城区380万人的生活应急供水任务。作为重庆市观景口水利开发有限公司党支部书记、董事长的张绍炜，自2016年该工程开工以来，为将观景口水利枢纽工程建设成优良工程，他带领工程班子人员，高标准、严要求地制定了“两确保、两不超”的总体建设目标。而作为一名水利人，张绍炜近60年的人生岁月里有近40年都奉献给了水利事业。

张绍炜在查看资料

近40年奋斗在水利战线，多次临危受命排除险难

张绍炜在从事水利行业的近40年中，先后主持建设重庆大学城水厂、土主污水处理厂、朱家岩水厂和观景口水利枢纽工程。他把“节水优先、空间均衡、系统治理、两手发力”的治水思路落实在水利工程建设中，并多次临危受命，排除险难。

2005年9月，张绍炜赴任重庆市大学城水务技术开发有限公司，面临经营收入不足600万元、企业亏损的现状，他积极协调，大胆拓展安装市场业务，2006年就创造了经营收入突破3000万元、利润总额达700万元的成绩。

2010 年 5 月，他赴任重庆市东部水务技术开发有限公司。面对当年经营收入只有 2100 万元的局面，他多方调研，敢于规划，提出“现金流 1 个亿，收入 1 个亿”的三年奋战目标。在他的带领下，公司干群群情激扬、努力拼搏，不足三年提前实现目标。到 2015 年，公司取得经营收入近 1.5 亿元、利润总额达 4800 万元的成绩，张绍炜也被评为重庆市水利先进工作者。

张绍炜（左）查看水库运行情况

2007 年 7 月，重庆沙坪坝地区遭遇 200 年一遇特大暴雨洪水，即将投运的市重点项目——大学城土主污水处理厂厂房被淹没，上百家企业、20 万居民生产生活排污面临无法处置的重大环保威胁。作为抢险负责人兼项目经理，张绍炜身体力行，废寝忘食，带领项目成员连续鏖战 30 天，终于完成使命，被评为 2007 年重庆企业突出贡献先进个人。

观景口水利枢纽惠及 400 多万人，将其打造成优良工程

新冠肺炎疫情期间，张绍炜一边严格落实防疫措施，采取业主主导的方式使参建各方的防疫物资迅速到位；一边多方协调，保障观景口控制性工程 1 号有压隧洞于 2020 年 2 月 21 日顺利贯通，并于 3 月 10 日前全面复工。在确保疫情零发生的情况下，为复产复工交出了一张满意的答卷。

张绍炜（左二）走进在建水利工程了解建设进展情况

观景口水利枢纽工程位于长江一级支流五布河干流，水库坝址位于巴南区东温泉镇，为大（2）型Ⅱ等工程。工程控制流域面积为 439 平方千米，多年平均径流量为 2.34 亿立方米，多年平均供水量为 1.04 亿立方米。输水目的地为重庆市南岸区观景口水厂，水厂日供水能力为 30 万吨。

该工程于 2016 年 3 月开工，同

年 11 月截流。2020 年 12 月 18 日，该工程顺利完成下闸蓄水。2021 年 4 月，蓄水位达海拔 254 米的输水位。2021 年 4 月起，该工程为观景口水厂输送优质原水，主要解决南岸区江南新城 69 万人供水、沿线 12 万人饮水及 5 万亩农田灌溉，同时承担重庆市中心城区 380 万人的生活应急供水任务。

为将观景口水利枢纽工程建设成优良工程，张绍炜带领工程班子人员，高标准、严要求地制定了“两确保、两不超”（确保工程建设安全，确保工程质量优良；不超批复概算，不超建设工期）的总体建设目标，并制定了分年度建设目标。建设过程中，他长期扎根一线，强化过程控制，重落实，工程质量、安全、投资、进度得到良好控制，各项目标均提前或按期完成。

追求管理、技术“双创新”，随时准备奔赴下一个目标

张绍炜带领团队不断积极探索管理创新、技术创新。

在全市水利工程建设中，率先探索采用 EPC（Engineering Procurement Construction，设计采购施工）总承包建管模式。就水利工程容易超概算、超工期的老大难问题，他进行了深入细致的思考，在建管模式上做了大量的调研，观景口水利枢纽工程在全市水利行业率先采用 EPC 总承包建设管理模式。EPC 总承包建管模式充分调动了总承包商的积极性，他们主动抓质量、工期、安全，努力降低建设成本，工程工期、质量、安全可控。

在全国水利行业率先采用微盾构顶管施工技术，并创造世界纪录，引起广泛关注。比如在观景口水库工程中，输水线路工程是确保观景口水库向江南新城供水的控制性工程，若采用传统钻爆法施工，难以按期实现供水目标。张绍炜组织专家反复论证后，在国内水利行业率先采用微盾构顶管施工技术，减少了传统钻爆施工带来的征地成本高、施工进展慢、安全隐患多、环境影响大等问题，其中可回退技术填补了盾构顶管施工的国际国内行业空白，被重庆市科委列为 2018 年度技术创新与应用示范项目。该课题研究进展顺利，已获得专利、工法及论文等成果 20 余项。该顶管技术单台最高日进尺达 32 米，最高月进尺达 608 米，施工速度是传统钻爆法的 4～6 倍。全长 3224 米的 3 号无压隧洞顺利贯通，创造了隧洞工程同类型顶管施工世界纪录。

此外，张绍炜在工程建设中还主导应用大坝填筑密实度检测附加质量检测法、清水混凝土施工工艺、新型纳硅混凝土涂层和CBS（Central Biological System，集中式生物系统）植被混凝土生态防护技术等行业先进新技术、新工艺，取得了良好的效果。

张绍炜说，作为一名水利人，可谓四海为家，马不停蹄。一个工程做完了，接着就会奔向下一个工程。水利人的价值就是在这一个个利民工程中得到体现和升华。

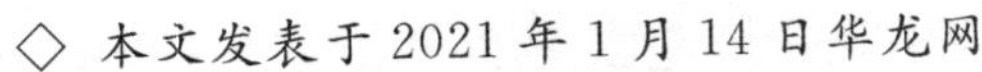
◇ 本文发表于2021年1月14日华龙网

◇ 作者：伊永军

张书函："不浪费一滴雨水"的技术总师

怎样将雨水变废为宝？如何实现城市"小雨不积水、大雨不内涝"？工作 20 多年来，北京市水科学技术研究院防灾减灾研究所技术总师张书函一直在思考，针对北京市水资源短缺、径流面源污染、汛期内涝易发等问题，如何探索出可持续发展的城市防灾减灾示范应用。

"面对日益复杂的城市发展状况和水资源情况，我要始终像块海绵一样，不断吸收知识、深入分析、梳理思路，全力做好城市防灾减灾工作。"张书函说。

新技术提供强保障

寒来暑往，日夜更迭，张书函带领团队长年奔走在城市水务一线，辛勤的付出换来累累硕果。

团队先后破解了雨水收集、净化、回用、滞蓄、补给地下水等系列技术难题，研发了多项雨水利用新技术，创建了总体达国际先进水平的城市雨水利用技术体系，在北京推广应用后，年雨洪利用综合效益达到 4.55 亿元。一项项成果的落地，有力推动了首都水务科研水平的提升。

张书函在海绵城市试验场检查监测设备（张书函供图）

"雨养型绿化屋顶就是一种适合北京气候特点的雨水利用方式，不仅能净化雨水，待水分蒸发后对城市热岛效应也会有所缓解。"张书函说。

随着海绵城市建设理念的提出，张书函带领团队建立了基于多层级雨水径流综合调控的海绵城市建设技术、海绵城市建设效果监测与评价技术，建立了基于水影响评价的管控机制和推广模式，集成了独具特色的北方缺水城市海绵城市建设整装成套技术，支撑实现了北京市海绵城市建设达标面积超过20%的阶段目标，并保障了2021年在国家体育场举行的建党百年庆祝活动的排水防涝安全。

小设备解决大问题

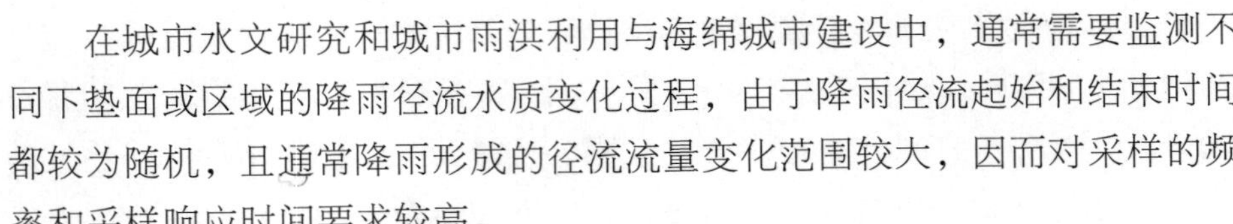

在城市水文研究和城市雨洪利用与海绵城市建设中，通常需要监测不同下垫面或区域的降雨径流水质变化过程，由于降雨径流起始和结束时间都较为随机，且通常降雨形成的径流流量变化范围较大，因而对采样的频率和采样响应时间要求较高。

海绵城市建设既是宏观层面的体系构建，也要解决微观层面上应用实操、测流采样等具体问题。以前人工采集水样时，只要预报有降雨，张书函和同事就会穿上雨衣、带上监测设备，立即出发赶往现场。“特别容易跑空，有时跑到半路雨就下了，根本来不及采集降雨径流最开始的水样，容易错过最佳采样时机。”张书函说。

张书函为此依托北京市自然科学基金重点项目，带领团队多次踏勘现场、开展实验研究，并根据实际情况总结不足、加以改进，最终研发出能够适应天然降雨和雨水管道降雨径流特点的自动水样采集装置和成套技术。

同时，张书函带队研究的城市降雨径流水质监测自动采样技术，获得了国家实用新型专利，为推动我国城市水文、雨洪利用、海绵城市建设领域的研究提供了重要设备条件和技术支撑。

高科技助力新发展

“城市降雨径流水质监测自动采样技术主要由天然降雨自动采样技术、下垫面径流过程水质自动采样终端和智能型自动水质采样技术组成，已经应用于北京很多雨水排水口。”张书函说。

智能型自动水质采样技术，其创新点在于能够依据降雨和径流的传感器，自动捕捉到区域排水径流的开始点并启动采样系统，全面记录采样过程的时间节点，更加精细地分析水质变化过程，还可以通过手机软件远程控制采样器开关及通过远程摄像观察周围情况，及时进行采样控制和安全保障，对于支撑海绵城市建设效果的评估具有重要意义。

为了雨水利用、海绵城市建设的长远发展，张书函积极思考，勤于谋划，制定了专业规划和年度滚动实施计划，提出以人才培养为核心的发展思路，依据每位职工的专业特长和个人兴趣，提升其核心技能。在他的影响带动下，一批专家型人才脱颖而出，越来越多的伙伴与他并肩作战，不断为城市水务事业蓬勃发展再添新功。

◇ 本文发表于 2022 年 7 月 21 日《中国水利报》

◇ 作者：张爽、苏洋

张双恩：勇破扶贫“三道题”

2018 年，张双恩接过扶贫工作的“接力棒”，成为汉江水利水电（集团）有限责任公司驻湖北省丹江口市土关垭镇四方山村扶贫工作队第二任队长。他致力于破解扶贫“问题”，从一名机械加工的“行家”变成了农产品种植的“能手”，从一名安全管理的“标兵”变成了村民的“知心人”。

“两脚泥”跑出真信任

“不了解村里的情况，哪能有帮扶思路？”这是张双恩面对的第一个问题。

初到四方山村，张双恩就拿上了本子，积极主动开展调研，摸清村情，结好对子，想好法子，逐户了解贫困户的致贫原因、主要困难、发展致富意愿，积极宣传政策，努力帮助村民寻求破“题”之道。从陌生到信任，靠的是跑出来的熟悉、帮出来的情谊、干出来的实绩。

“张队长帮助我成了村里生态养猪的‘探路人’。”村民徐兴华看着自家长势旺盛的食叶草说。

张双恩（左）在田间地头查看村民种植的农作物长势

入户走访中，张双恩发现徐兴华虽养殖了几百头猪，但由于用餐馆泔水喂猪，猪肉销路不好，仍是村里的贫困户。为此，张双恩多次咨询农业公司、查阅资料，改善土壤、保护生态、蛋白含量高的食叶草最终被引进，并聘请专家为徐兴华提供技术指导。

雨天一身泥，晴天一身灰，这

是驻村工作的真实写照。“大家的信任来之不易，决不能辜负。”一家家一户户，“两脚泥”的张队长逐渐走进了村民的心里。

“两步走”产业增后劲

“如何保障贫困户不返贫，如何实现可持续发展？”这是张双恩来到四方山村思考的第二个问题。

“这是张队长帮我剪的，这样剪枝结的果子多一些呢！”花椒种植户罗台青高兴地说。2019 年 3 月，张双恩和扶贫工作队队员带着村党支部书记前往韩城采购 1 万棵“大红袍”用于补苗和扩大种植面积，并向当地椒农学习修枝技术。回到村里，张双恩积极组织种植技术培训，提高种植产物的成活率和产量。

帮扶产业起步好，还需要拓宽产业链，为山村可持续发展凝聚“后劲”。

张双恩又做起了功课。经过一步步调研、一次次讨论，在发展好种植产业的基础上，打造藕塘景观，开发旅游资源，成为四方山村产业发展的“后手”。在张双恩的协调下，汉江集团拨付专款 44.2 万元用于建设莲藕基地配套项目——“荷色沁园”荷花景观基地，打造出一张集休闲、娱乐、观光、旅游、住宿于一体的四方山村“名片”。

村党支部书记朱超对于一切的变化，向张双恩竖起了大拇指。如今，四方山村被评为丹江口市十大“美丽乡村”之一。

“两座桥”连起村民心

“产量有了保障，如何把四方山村的农副产品销售出去？”这是张双恩思考的第三个难题。

初到四方山村，张双恩发现，村里有几处作为出行要道的石桥又窄又破，存在严重安全隐患。他第一时间联系汉江集团丹江电厂，把厂内的钢材捐赠给四方山村当作修桥材料。现在，路面宽阔、护栏牢固的石桥坐落在四方山村的青山绿水间，为村民的出行提供了便利、

张双恩（左二）带着工作队入户走访村民

保障了安全。

村路畅通了，农副产品的销路也要跟上。在张双恩的带领下，工作队架起了消费扶贫品牌“同心桥”，串起了村民农副产品的“供”和汉江集团公司职工的“需”。为村民们销售价值近数十万元的农副产品。

2019 年 4 月，四方山村顺利实现脱贫摘帽。碧空下，远眺四方山村，张双恩脚下这个昔日贫困的山村已经焕然一新。

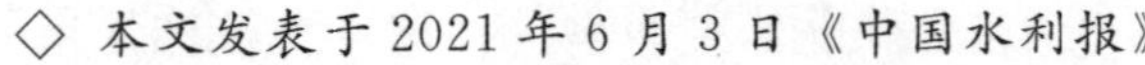
◇ 本文发表于 2021 年 6 月 3 日《中国水利报》

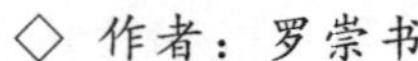
◇ 作者：罗崇书

赵艳红：青春献水利　热血守江河

瘦弱的身躯，轻声的话语……初识赵艳红，很难把她和水情预报的“行家里手”、技术的“中坚力量”联系起来。就是这位眼神坚定的“女战士”，2022 年 1 月荣获了“全国水旱灾害防御先进个人”荣誉称号，在东北牡丹江边长大的她，已经扎根沂沭泗流域 20 余载。

2001 年 7 月，赵艳红从河海大学水文及水资源利用专业毕业，进入沂沭泗水利管理局水情处（现水文局）工作。多年来，她坚守水情测报一线，践行着献身水利的无悔承诺。

与洪水博弈

作为水旱灾害防御前沿的“哨兵”，赵艳红深知，不仅要报得准，更要报得及时。

2021 年主汛期，台风“烟花”形成之初，沂沭泗水利管理局密切关注其发展趋势，连续会商部署，加强雨情水情的监测预报，分析台风对沂沭泗流域可能造成的影响。赵艳红带领水文局同事开启了 24 小时值班，实时监控水雨情变化，计算分析研判，不断提高预报精准度。7 月 28 日，赵艳红迅速把测报信息向上级报告：“中运河运河站洪峰流量 3800 立方米/秒，峰现时间为 7 月 29 日 20 时至 22 时。”实际实测流量为 3840 立方米/秒，峰现时间为 29 日 20 时 50 分，预报误差仅为 1%，为洪水调度科学决策提供了可靠依据。

2020 年 8 月 13 日晚，沂沭泗流域沂沭河上游突发集中强降雨，此时，赵艳红正在水情值班室值守夜班，这已是她在这个汛期的第 21 个夜班。系统降雨监测模块显示的流域降水量变化引起了她的注意，她赶紧打开雷达图，看到一股红色强降雨反射区正徘徊在沂沭河上游地区，那时她还不知道，她和全水文局职工将要面对的是沂沭河 1960 年以来的最大洪水。

凭借水文人多年来的经验，赵艳红迅速警惕起来，记录数据，反复测算，于 8 月 14 日零时作出第一个预报，之后根据雨情水情发展情况，每隔 1 小时进行一次滚动预报。

临沂水文站洪峰预报结果是刘家道口水利枢纽调度的关键，也是江风口分洪闸是否启用的重要参考。赵艳红和同事们多次推演、验算得出结果，“预报沂河临沂站洪峰流量为 11000 立方米/秒，峰现时间约为今天下午 2 点半。”在防汛会商会上，赵艳红向防办和局领导报告了这一预测结果，为防汛调度争取了宝贵时间，也提供了重要决策参考。最后，根据实测结果，临沂水文站洪峰流量为 10900 立方米/秒，预测误差仅为 0.9%。

与科研为伍

“我希望自己在专业领域上能够更加精进。”赵艳红办公室的书架上摆满了各类专业书籍，上面密密麻麻写满了笔记，对专业的追求让她在工作之余创造了更多的研究成果。

2009 年 12 月，赵艳红取得河海大学水利工程领域硕士学位，这更坚定了她深植科研的决心。近年来，她参编出版了 9 部专著、1 部译著，组织筹办了多届沂沭泗水文学术交流会并出版会议论文集；与河海大学、中国水利水电科学研究院等科研单位合作，深入开展了多项技术攻关。

“现在，沂沭泗流域与国家水网相匹配的国家水文站网正在加快构建，‘空天地’一体化监测体系正加紧建立，预报、预警、预演、预案‘四预’措施不断强化。水文是水利的耳目和尖兵，作为水文人，我们要瞄准服务于国家重大战略，不断提升自我修养，精进业务能力，在水利一线冲锋陷阵。”赵艳红说。

这就是赵艳红，一位巾帼不让须眉的江河“哨兵”，用实际行动护佑沂沭泗流域岁岁安澜。

◇ 本文发表于 2022 年 3 月 31 日《中国水利报》

◇ 作者：赵颜颜

赵勇：“科研如逆水行舟，一刻不能放松”

科研没有任何捷径，所有的成绩都来自点滴的积累。中国水利水电科学研究院正高级工程师、水资源研究所副所长赵勇在同事的眼中，是个十足的“工作狂”，他从来都是第一个来办公室，最后一个离开，当工作到很晚时，在办公室沙发上休息一晚更是常态。

赵勇在雅鲁藏布江下游河谷原始森林考察（中国水利水电科学研究院水资源研究所供图）

踔厉奋发，笃行不怠。获得第七届水利青年科技英才这一荣誉的背后，是赵勇持之以恒的付出。他常说：“科研工作要做细做透，来不得半点马虎；科研工作如逆水行舟，一刻也不能放缓脚步。只有先让自己满意才能让别人满意。”

聚焦京津冀水安全保障

“坚持问题导向，科研工作才有生命力；坚持基础创新，科研工作才能有根基；坚持服务实践，科研工作才能体现真正的价值”，这是赵勇在科研工作中一贯坚持的原则，也正是这个原则成就了他的科研梦想。

京津冀是我国乃至全球人类活动对水循环扰动强烈、水资源承载压力大、水生态系统受损程度严重的地区之一，赵勇紧抓京津冀水安全保障的难点重点问题开展研究。

流域水资源衰减机理及其影响是保障京津冀水安全亟须破解的基础性问题。赵勇自 2010 年起连续 10 年在海河流域山丘区、平原区持续开展原位观测和大范围调查试验。

十年磨一剑，赵勇经过多年研究，基于大量一手观测数据，结合模拟解析，揭示了深厚包气带和地面沉降影响下平原区水资源衰减机理与规律，明晰了土石二元介质与下垫面变化作用下山丘区水资源衰减机理与规律，解析过去 60 年海河流域水资源衰减定量归因，预测了未来 30 年海河流域水资源演变情势，研究成果在水资源评价、地下水超采治理等工作中得到应用。

深挖人类影响下水资源难题

赵勇在科研的道路上一直毫无疏漏。为了揭示不同降水条件下生态水文机理与水安全保障调控路径，他坚持在我国半湿润地区（海河流域）、半干旱区（西辽河流域）、干旱区（宁夏银川平原）、极度干旱区（河西走廊），开展不同降水梯度大气-植被-土壤-地下水系统调研、观测和试验。

研究期间，赵勇 4 次开展妫水河和白河流域调查采样，获取 9 种植被类型 86 个样点 835 个有效样本，为的就是研究大规模植被修复带来的山区土壤斥水性影响及其分布规律。最终，研究成果成功揭示了斥水性土壤入渗机理，建立了亲水性和斥水性土壤相统一的降水入渗模型，拓展了传统经典水文模拟方法。

立足宁蒙河套灌区生态发展

在多年的实践中，赵勇一直潜心研究如何兼顾生态系统健康和经济社会高质量发展，这是宁蒙河套灌区水资源规划管理面临的重大挑战。

从攻读博士学位开始，赵勇就以宁蒙河套灌区为案例区，开展灌溉绿洲生态系统健康平衡机理与调控机制研究，提出了维持灌溉绿洲生态健康的地下水水位确定方法，界定了不同区域不同生态功能主体的地下水临界埋深阈值，研发了基于耗散-汇合结构的分布式生态水文模型，提出了临界阈值控制下的节水潜力核算方法与实现方案，并系统应用于宁蒙河套灌区节水型社会建设和高质量发展实践，相关成果分别获得宁夏回族自治区科学技术奖一等奖和农业节水科技奖一等奖。

“在基础试验和科学研究过程中，我经常思考这些科学问题如何支撑国家治水实践。”谈到未来一个时期研究目标，赵勇坚定地说，将以支撑国家水网重大工程实施为导向开展科技创新。“十四五”时期，赵勇希望能够面向新时期我国经济社会发展格局和水平衡演变态势，围绕国家水网工程规划建设与水安全保障能力提升的重大科技需求，开展现代水网规划理论技术与系列重大关键问题研究，为国家水网工程规划建设提供科技支撑。

◇ 本文发表于 2022 年 2 月 10 日《中国水利报》

◇ 作者：李海红、翟家齐

邹宇：以热爱领航　用专业护航

2017 年 6 月，邹宇正式到贵州水利水电职业技术学院工作，作为新手型教师，他一开始很迷茫。

思考一番后，邹宇决定请学生做主，根据学生意见改变授课方式。为了最大限度地避免学生的羞怯心理，他采用“匿名小纸条”的方式，让学生在每节课后匿名向他投递小纸条，里面可以写关于他授课方式的建议，也可以写自己最想学习的内容……

很快，他积累了一沓小纸条，了解了学生的所思所想，邹宇心里有了底气。根据学生们的建议，再加上自己的专业知识，邹宇很快确定了适宜的教学方式。

风格定了，像是有了教学的遵循，其他的所有问题，都没那么棘手了。

“2018 年和 2019 年，是我们教学任务最重的时候，最多的时候，一天要上将近 10 个小时的课。”为了让学生劳逸结合，减轻他们的压力，他把实操训练集中安排在白天，晚上就带着学生一起复习理论知识，划重点、解难题、查漏补缺，把一天的课程进行梳理总结，帮助学生们把重要知识点串联起来，以便更好地巩固和记忆。

一分耕耘，一分收获。2019 年 9 月，邹宇辅导的学生在水利部和中国水利学会联合举办的第十三届全国水利职业院校“巴渝杯”技能大赛的工程测量项目中获得三等奖；2020 年 9 月，他指导的创业项目《易测绘》在第六届中国国际“互联网＋”大学生创新创业大赛贵州省赛中荣获铜奖……

荣誉的背后，是长时间的知识积累和一遍遍单调重复的训练与模拟。

“我鼓励学生们试错，只有在平时课堂上和训练中敢于尝试、不怕出错，才能在考试、比赛和以后的工作中少出错甚至不出错。”在他的不断鼓励和耐心指导下，由他负责指导的 60 余名学生全部通过了工程测量员考核。

在以小团队为学习单位的实操课程中，邹宇会根据学生的不同性格和学习程度安排他们在团队中的角色，让基础好的多带带基础差一点的，让他们在完成好自己任务的同时互相帮助，共同进步。遇到重要的测量作业和关键的学习节点，邹宇会让班上每个学生都去实际操作，给学生们平等的锻炼机会。

教学之余，邹宇利用碎片时间不断提升自己，任教期间，他发表了4篇论文（独著），参与校级课题——贵州山区无人机航空遥感影像匹配算法的研究。他作为副主编编辑出版的《水利工程测量》被列为高等职业教育“十三五”规划教材，并在实际教学中广泛运用。

2020年，突如其来的疫情打乱了人们的工作和生活节奏，其中也包括邹宇和他的学生们。

“2020年上半年，我们学校停了两个多月的课，学生和老师都不能来学校，只能在家上网课。”由于邹宇平时教授的课程包含理论和实操两部分，网络教学就意味着他没办法像以往一样，亲手指导学生们的实操训练了。为了让学生即使上网课也有“身临其境”的效果，邹宇在网络上寻找了大量操作演示视频，并把操作重点和难点一一列出来，反复强调，让学生务必记在脑子里。

邹宇（左一）给同学们进行实操讲解
（贵州水利水电职业技术学院供图）

恢复正常上课后，邹宇在充分了解学生的学习进度和难点问题后，有针对性地调整授课计划，最终保证了学生的学习质量。

为了更好地帮助学生学习和就业，邹宇多次到企业学习和调研，根据市场需求进行授课内容的调整，不断提升学生的就业竞争力。

“既然做了老师，我就想把我这么些年来的所学和积累都教给我的学生们。”这是邹宇对自己教师生涯的总结，更是一个朴素又坚定的信念。

◇ 本文发表于2022年4月30日《贵州日报》
◇ 作者：刘珊宇